中国故事

飯塚 朗

角川文庫
18933

まえがき

故事来歴《こじらいれき》というと、とかく黴《かび》くさくて、敬遠する向きもありそうだが、それは何も伝統とやらに金縛《かなしば》りになることではなくて、拠《よ》って来《き》たるところを明らかにすることで、現在を豊富にし、未来を揺《ゆ》るぎないものにできたら、結構ではないかと思う。

中国古典の中には人生の指針となるような名言《めいげん》、格言《かくげん》が多いから、それを会得《えとく》するといいといわれるが、たしかにそれもよいことながら、とかく名言、格言などは、道徳という固苦《かたくる》しいものに律《りっ》せられて、凡人《ぼんじん》の口からは出ない言葉であったので、嫌われたのではないか。むかし修身の教科書などは、そういう金言《きんげん》のみを選んだのであろうが、中国古典の源泉《げんせん》は、汲《く》めども尽きぬほど豊《ゆた》かである。

故事《こじ》とは、「むかしあった事実」ということで、それが「ものがたり」にまで発展するのだが、かつては故実《こじつ》の方に重きをおいて、いにしえの儀式《ぎしき》、礼法《れいほう》で、後世の手本になるものをおしつけた。しかし故事のファースト・ミーニングは、単なる「ふるごと」なのである。「むかしあった事実」といっても、その「事実」にはフィクションが入るし、寓言《ぐうげん》が混《ま》じるし、譬喩《ひゆ》、諷喩《ふうゆ》がからむ。また諺《ことわざ》からも、伝説からも、俚語《りご》、俚謡《りよう》からも取材される。そして成語《せいご》、つまり熟語《じゆくご》となって、われわれの日常語のなかへ生きのびているものが多い。

われわれが、自分のいわんとすることを表現する場合、その的確な表現方法を練《ね》ることはもちろん必要だが、まず自分のボキャブラリー(語彙《ごい》)を豊富にしておくことが、いちばんのぞましいことではないか。貧《まず》しい語彙を、何度もくりかえしておしつけるのはコマーシャルであって、文章にはならない。必要なのは、言語を身につけることだと思う。それには、一つの故事成語も、鸚鵡《おうむ》がえしではなく、もう一つ深く突っこんだ意味を承知して使うと、自然に文章にも深みが出てくるものだ。以前には、故事熟語の辞典などあっても、一般にはあまり使用されなかったように見うける。しかし日中国交回復以後は、字典類もいくつか新《あら》たに出たし、故事に関する類書も出廻《でまわ》っていて、参考にさせてもらったものもあるが、これらも十分活用されて然《しか》るべきだと思う。

ここではその故事成語を、短い随筆風に集めてみた。べつに厳選して必要度を考えて、などというものではなく、いわばアトランダムに並べたまでである。ただ読みやすいつもりで語群だけは一くくりにしておいたが、『常用成語篇《へん》』は、われわれが日常よく使うと思うもの、『教養篇《へん》』は、現在はそれほど使われないが、読んでみれば知っているかも知れないもの、『友情篇《へん》』は友情に関するもの、『美人篇《へん》』は歴代美人伝だが、われわれと親しいか、あるいは親しんでもいい美女十人、『情愛篇《へん》』は、男女の情愛に関するもの、『人生篇《へん》』は、人生そのものに関するもの。

一篇の説明はくどくないように、簡潔にしたつもりだが、より詳しく調べてみたい方は、括弧《かっこ》内《ない》の原書をさがしてみていただきたい。引用書目表は、制作年代不詳のものが多いので順不同ではあるが、凡《おおよ》そは年代順に並べてあるから、これを参照して調べていただければわかるはずである。

いつごろの時代の話か、そういう疑問が起こったら、ご面倒でも、略年表と照らし合わせていただけば夏《か》から唐《とう》まで、ごく大雑把《おおざっぱ》ではあるが、おわかりいただけると思う。

目次

教養篇

友情篇

美人篇

情愛篇

人生篇

常用成語篇

膾《かい》炙《しゃ》

『人口に膾炙《かいしゃ》する』という言葉がある。現在はあまり使われなくなり、膾炙も読みにくく、書きにくいので、受験用語のような残りかたをしているが、「よく人の口にのぼる」「人が言い馴れている」というような意味で、まだある程度通じるかと思う。

「膾」は「なます」、「炙」は「あぶり肉」ということで、つまり古代中国からの高級料理といってもよかろう。『論語《ろんご》』（郷党《きょうとう》篇）に「膾《なます》は細きを厭《いと》わず」とあって、牛や羊や魚の肉を生《なま》でたべるには細く切るほどよかったらしく、大きく切るとからだをこわすことがあると宋《そう》の朱子《しゅし》もいっている。また『礼記《らいき》』（曲礼《きょくらい》上篇）にも「膾は外部からの調理に気をくばり、塩辛《しおから》とか味噌漬《みそづけ》は、内側からよくなれるようにすることが大切」というように、こまかく気を遣って口に合うように料理されたもののようである。

だから「膾《なます》や炙《あぶりにく》と、棗《なつめ》とどちらが美味ですか」と公孫丑《こうそんちゅう》がたずねると、「もちろん膾炙だよ」と孟子《もうし》も答えている（『孟子』尽心《じんしん》下篇）。

膾というと松江《しょうこう》の鱸《ろ》が有名だが、松江は太湖《たいこ》の支流の呉淞江《ごしょうこう》、この川でとれる鱸が「なます」の材料として最高だといわれる。鱸は「すずき」と読むが、鱸《ろ》は淡水魚だから、われわれの知っている、あらいにする海の鱸《すずき》ではない。

晋《しん》の張翰《ちょうかん》が洛陽《らくよう》の都で斉王《せいおう》に重用されたが、秋風の吹くころになると、故郷の鱸《ろ》の膾《なます》の味が忘れられず、ついに官を辞して呉郡《ごぐん》へ帰ったという話がある（『晋書《しんじょ》』、『世説新語《せせつしんご》』識鑒《しきかん》篇）。松江鱸《しょうこうろ》の膾はよほどうまかったものとみえる。

こうした美味を玩味《がんみ》し、賞味《しょうみ》することから転じて、晩唐《ばんとう》の周朴《しゅうぼく》や韓偓《かんあく》などの詩人の詩を称美《しょうび》して、『人口に膾炙す』と使った。

それがいつか詩にかぎらず、広く世人の話題となり、賞讃に価《あたい》することに使い、ひいてはさほど賞讃などしなくとも、よく人の口の端にのぼること一般に使われるようになった。

その『人口に膾炙する』言葉で、中国の故事熟語をふまえているものがずいぶんあるが、たとえ本来の故事など知らずとも、使って意味さえ通じればそれで済む。どだい言葉など消長のはげしいもの、生きている言葉を適当に使って、不自由がなければそれでいいようなものだが、その本来の意味を知ることで、案外知らずに使っている言葉に、「膾《なます》」や「炙《あぶりにく》」の味が出たとしたら、なおさら結構ではないか。

杜《ず》撰《さん》

「どうもきみは『ずさん』で困る」とか「やりかたがすこし『ずさん』だな」とかいう言葉は現在でも相当使われていて、「カナ書き」でも意味は十分通じると思う。だが漢字で書くとなると、これまた入試問題用語みたいになっていてむずかしい。文字を新造するのが上手な学生諸君なら「図散」とでも書いて、「散漫な図画のことだ」とすましているかも知れない。

たしかにこの『杜撰』は、そのまま漢字音で読めば「とせん」である。「杜」は「赤《あか》棠《なし》」で、山野に自生する果樹の意だといわれるが、これは中国人の姓なのである。「杜」を「もり」と読むのは、いわゆる日本読みであって、その中国人の姓はdu、「森さん」とは訳せない。

「撰」は「選」とはちがって、選び出して造ること、つまり著述することである。だから『杜撰』とは、「杜という人の著述したもの」という意味になり、「とせん」にちがいない。しかしこれを『ずさん』(これはほんとうは『ずざん』とにごるのだが、現在では『ずさん』の方が人口に膾炙《かいしゃ》している)と読むと故事がからんできて、「文字がでたらめで、根拠のないこと」に用いられる。

その出典は、宋の杜黙《ともく》が詩をつくると多く律《りつ》に合わなかったことから、当時の人が、法式に合わないものを、杜の撰、つまり杜撰といったのに始まる、といわれる（『野客叢書《やかくそうしょ》』）。

しかし『通俗篇《つうぞくへん》』には、道家《どうか》の書は五千余巻におよぶが、『道徳経《どうとくきょう》』二巻が老子の撰である以外はみな唐《とう》の杜光庭《とこうてい》の撰で、でたらめの説が多いから、これこそ『杜撰』だといい、また『湘山野録《しょうざんやろく》』には、宋の盛度《せいたく》が、張文節《ちょうぶんせつ》（同じく宋の張知白《ちょうちはく》）の神道碑《しんどうひ》をつくったところ、当時参政《さんせい》の職にあった石中立《せきちゅうりつ》が「誰の作か」ときくと、「度の撰です」と答えたので、満座が大笑いしたという話がある。「度」は「杜」と同音（du）だから、「杜撰」ときこえて笑ったとなると、同じ宋時代ながら盛度は前出の杜黙より以前の人だから、『杜撰』の始まりはもっともっとふるい、ということになる。

つまり『陔餘叢考《がいよそうこう》』の考証では、漢の田何《でんか》が易《えき》学をよくしたが、師についたわけではなかったので、これをそしって「杜田《とでん》」、あるいは「杜園《とえん》」といったことに始まる、としている。田何は杜陵《とりょう》、現在の陝西《せんせい》省長安《ちょうあん》の東南に居り、みずから杜田生《とでんせい》を号していたから、案外田何には自卑《じひ》のつもりがあったのかも知れない。

「杜」にはもともと正規のルートを経ないというような意味があって、ちゃんとした師匠の手でつくられないものを「杜做《とさく》」、公《おおや》けの商人の手を通さない闇《やみ》米を「杜米《とべい》」、わが家の菜園でとれた筍《たけのこ》を「杜園《とえん》」、自家製の酒を「杜酒《としゅ》」などといったそうだから、「杜」自体に

「もとづくところのない」意味が始めからあったともみえる。

ともかくもいろいろと『ずさん』な話で、よくわからぬところが『杜撰』の真意かも知れない。

推《すい》敲《こう》

「この文章は推敲が足りない」「もうすこし推敲を加えたらどうだ」そういわれれば、もう一度考えて書き改めなければなるまい。辞典をひけば「詩文の字句をさまざまに考え練《ね》ることと」とある。だがこれはウドン粉を練るように、字句を推《お》したり敲《たた》いたりすることではない。

唐の詩人賈島《かとう》に「李款《りかん》の幽居《ゆうきょ》に題するの詩」というのがある。

閑居《かんきょ》に鄰並《となりな》少く
草径《そうけい》は荒園《こうえん》に入る
鳥は宿る池辺の樹
僧は敲く月下の門

橋を過ぎて野色《やしょく》を分《わ》かち
石を移して雲根《うんこん》を動かす
暫《しばら》く去ってまた此《ここ》に来《きた》らん
幽期《やくそく》は言《げん》に負《そむ》かじ

洛陽《らくよう》の都大路《みやこおおじ》を驢《ろ》馬《ば》の背に揺られながら、賈島はこの詩を得たというが、「僧は敲く月下の門」の句のところ、「推《すい》」にしようか「敲《こう》」にしようかと迷った。「推す」なら静かだ、ギーッという音はするかも知れぬが、この静寂な景色にぴったりだろう、やはり「推」かな、と推したり敲いたりの手まねをしながら、ちょうど出会った京兆《けいちょう》の尹《いん》、つまり当時の都知事クラスの高官、韓愈《かんゆ》の行列にも気づかなかった。普通ならおとがめをこうむるところを、そこは官僚ながら有名な詩人の韓愈、事の次第をきいて、「それはきみ敲がいいよ」と答えたという。だまってギーッと開けるより、いやしくも人を訪問するのだから、それは敲くべきだ、それに推より敲の方が音《おん》もいい、といったかどうか、これは推量だが、古代音は現代音とはちがうだろうけれど、音はたしかに推《トエ》より敲《チャオ》の方がよさそうに思う。でも、情景からいうと、どうも「推」をとりたいが、この話からこの詩に、韓愈の主観が入っているとみると、面白いような気もする。

ともあれこの『唐詩紀事』にある話が『推敲』の出処だが、賈島はもと僧で無本《むほん》といったのを、韓愈に見出《みいだ》されて還俗《げんぞく》して官吏になったと伝えられるけれど、この話で知遇をえたのか、知遇をえてのちの話かは、さだかでない。

出藍《しゅつらん》

『出藍《しゅつらん》のほまれ』とか『青は藍より出《い》でて藍よりも青し』とかいうのは、学問を勉強すれば、弟子も師匠より立派になれるという意味に使われる。

君子いわく、学はもってやむべからず。青は藍より出でて、藍よりも青く、氷は水これをなして、水よりもつめたし。(『荀子《じゅんし》』勧学《かんがく》篇)

後魏《こうぎ》の李謐《りひつ》は若いときから学問を好んで、はじめ孔璠《こうはん》に師事したが、数年後にはかえって孔璠が李謐の弟子になったという話(『北史《ほくし》』)があって、『出藍』の例とされる。

『淮南子《えなんじ》』(俶真訓《しゅくしんくん》)にも「涅《ねつ》(黒土)をもって緇《し》(墨染《すみぞめ》の衣)を染むれば、涅よりも黒く、藍をもって青に染むれば、藍よりも青し。涅は緇にあらず、青は藍にあらず」とある。こうなるとどうもいわくありげで、少々難解になるが、色というものを、人間世界のことに比喩《ひゆ》的に使うということが、ずいぶん昔からあったことがわかる。

連想されるのは『論語』（陽貨篇《ようか》）にある『紫、朱を奪う』である。

子《し》いわく、紫の朱を奪うをにくむ。鄭声《ていせい》の雅楽《ががく》を乱すをにくむ。利口《りこう》の邦家《ほうか》をくつがえす者をにくむ。

紫は間色《かんしょく》、つまり混じった色で、元来みだらな色とされた。雪国芸妓の濃紫《こむらさき》のお高祖頭巾《こそずきん》でも想像していただけばおわかりになろう。そんな艶《つや》っぽい色が、すでに周《しゅう》代の当時の流行色でもあったようだ。それで孔子《こうし》もそれをなげき、その紫という間色が、正色《せいしょく》である朱《あか》の位置を奪い、また音楽でいえば、淫靡《いんび》な鄭《てい》の国の音楽が、正調《せいちょう》の雅楽を乱し、口先のうまいやからが、国を亡《ほろ》ぼす、いずれも憎むべし、といっている。

ちなみに、正色とは、赤、青、黄、黒、白の五色で、他はすべて間色というから、藍玉《あいだま》から出た「青」も、涅《ねっ》から染めた「黒」も、いずれもれっきとした正色であるわけである。

杞《き》憂《ゆう》

「それはきみ杞憂《きゆう》だよ」といえば、「よけいな心配だ、つまらぬことは考えるな」ということ。『杞人《きじん》の憂《うれ》い』あるいは『杞人天を憂う』などともいい、いわゆる「取越《とりこ》し苦労」にあたる。「杞」とは見馴れない字だが、古代の国名、現在の河南《かなん》省杞《き》県。この話は『列《れっ》子《し》』（天瑞篇《てんずい》）にある。

杞の国のある人が、天地が崩れ落ちて身のおきどころがなくなるのを心配して、食事ものどを通らず、寝ても寝つかれなかった。そのまた彼を心配する男が、出かけていって彼をさとした。

「天というのは空気が一ぱい積みかさなっているだけだ。空気のないところなんてない。わしらがからだをかがめたり伸ばしたり、息を吸ったり吐いたりしているのなどは、一日中、天の中で行動していることになる。天が崩れるなんて心配があるもんか」

「天がほんとうに空気の積もったものとしても、日だの月だの星だのが落ちてきやせんかね」

「日や月や星は、その空気の積もった中で光っているものだから、落ちてきたってけがをするようなことはないよ」

「じゃあ地が崩れたらどうする」

「地はね、土くれの塊りなんだ。それが四方に一ぱいになっていて、土くれのないところなんてない。とんだってはねたって、一日中、地上で行動しているわけじゃないか。崩れる心配なんかあるものかね」

これで二人とも、疑いや心配がさらりと解けて、大いによろこんだという。

列子がこれをきいて笑っていった。

「天地は崩れるというも誤り、崩れずというも誤り、崩れるか崩れないか、われわれには到底わからないことだ。しかし崩れるというのも一理だし、崩れないというのも一理。だから生きている者には死んだあとの世界はわからないし、死んでしまえば、生きている者の世界はわからない。来るときには、去るときのことはわからないし、去るときは、いつまた来るのかわかるまい。崩れるの崩れないのは、われわれの知ったことではないのだ」

近年の中国の書物の中では、この列子の言葉を説明して、列子が天地の現象は解釈すべきものではないとしているのは誤りで、この列子の諷刺《ふうし》は妥当でない。この寓言《ぐうげん》の意味するところは、憂いとするに当たらぬ憂い、ということにかぎらず、当時の人が天地現象に関心をもち、それを解こうとしていることを描いていて、それこそ素朴な唯物観点の表現である、と書いている。はたしてそうだろうか？

ともかくこの『列子』の哲学、あまりくよくよ考えると、それこそ『杞憂』になりかねない。

流石《さすが》

『流石《りゆうせき》』と書いて「さすが」と読めればさすがだが、これは副詞でどうせ当て字だからカナ書きで結構だけれど、こう当て字をするようになったいわれが『石に漱《くちすす》ぎ流れに枕す』なのである。原文で書けば『漱石枕流』、夏目漱石《そうせき》の号を思い出す。

しかしこの原文、実は『枕石漱流』のまちがいなのである。つまり『石に枕し、流れに漱ぐ』とは、自然石を枕にして眠り、醒《さ》めれば清流で口をすすぐこと、大自然の中の悠々《ゆうゆう》たる生活、つまり山林に隠棲《いんせい》するたとえである。

この言葉をまちがって使ってしまった話が、『世説新語《せせつしんご》』や『晉書《しんじょ》』に出ている。

晉《しん》の孫楚《そんそ》は山西省《さんせい》の人、豪気で人にくだるのがきらいで、したがって才能はありながら、官吏としてはあまり出世しなかった。そんなで若いころから隠棲の志があって、同郷の王《おう》済《さい》にこう打ちあけた。

「石に漱ぎ流れに枕しようと思う」

王済はおどろいた。

「流れに枕したり、石に漱いだりできるのかね」

するど孫楚は平然としていったものだ。

「流れに枕するのは耳を洗うため、石に漱ぐのは歯を磨くためだ」

「耳を洗う」とは、むかし許由《きょゆう》が堯《ぎょう》帝から帝位をゆずろうといわれて、けがらわしいと耳を洗ったという故事をふまえているが、「石に漱ぐ」は歯みがきのコマーシャルみたいに、孫楚の思いつきであろうか。ともかくこの男の負け惜しみながら、『さすが』はうまく言い返したものである。

矛《む》盾《じゅん》

『矛盾《むじゅん》』については、もう余計なことをいう必要もないほど現代語として通用していて、古くさい故事など要《い》らないかも知れないが、これは『韓非子《かんぴし》』（難勢《なんせい》篇）の中にある有名な寓言から出ている。

矛《ほこ》と盾《たて》を売っている者があって、その盾の堅さは何物もこれを突き通せぬと宣伝する。またすぐその矛の鋭さをほめて、どんなものでも突き通すという。そこで客の一人が、「それじゃあ、その矛でその盾を突いたらどうなる」

ときいたら、その商人は困って言葉がなかったという。

「どんな矛でも突き通せない盾と、どんなものでも突き通してしまう矛とを並べて宣伝するということが、どだいまちがっているのだ。つまり賢能《けんのう》の士は権勢でおさえても、その言葉を禁じることはできず、権勢というものは、いかなる人民の言動をも禁じうる。だから権勢で禁じられぬ賢能の士と、いかなる言動をも禁じうる権勢とを主張することは、矛と盾の話のように、二つ並べてすることはできないので、賢と勢とは両立せぬこと明瞭」

と韓非子は説明している。

近年の中国での解説書によると、この商人が過分に矛と盾をほめる所以《ゆえん》は、認識によらず、貪欲《どんよく》、つまり売りたいためにほかならないと割り切る。そしてこの寓言は、商人を諷《ふう》刺《し》するだけでなく、個人の利益のために真理に背を向けることで、往々にして我々の言論あるいは行動が矛盾することを教えている。真理に服従することはいつも利己主義とは両立しない、利己をすてて、真理をもとむべきだ、といっている。

『矛盾』はこうしていよいよ理屈っぽくなって、われわれのまわりでも、「自己矛盾」だの「矛盾の側面」だの、おまけがついてむずかしくなっているが、平易な読みものとしてのこの書物の趣旨とも『矛盾』しそうなので、このへんにとどめよう。

馬《ば》鹿《か》

バカというのは、『鹿を指して馬と為《な》す』から出たという説がある。この故事は『史《し》記《き》』（秦始皇本紀《しんしこうほんぎ》）の中にある。

有名な秦《しん》の始皇帝《しこうてい》が死んで、二世皇帝の胡亥《こがい》は愚鈍であった。これを自由に扱って実権を握ったのが、去勢《きよせい》されたいわゆる宦官《かんがん》の趙高《ちょうこう》である。

その趙高が、胡亥に代《か》わって天下を奪おうと考えて、おのれの反乱に加担《かたん》する者をたしかめるためにおこなったというテストが『鹿を指して馬と為す』である。

趙高は胡亥に鹿を献上して、

「これは馬でございます」

といった。胡亥は笑って、

「大臣はおかしいぞ、鹿を馬だという」

そこで左右の臣下に向かってたしかめたが、ある者はうつ向いて黙っている、ある者は馬だといって趙高におもねり、ある者は「鹿でございます」と直言した。趙高はその鹿といって直言した者をリストアップしておいて、根こそぎ始末してしまったという。

しかし「鹿」は帝位を意味して、同じ『史記』に「秦、その鹿を失い、天下ともにこれを逐《お》う」という言葉もあって、この話の「鹿」も、どうもそっちに比重がかかりそうに思う。

それはともかくこの話から「鹿を指して馬と為す」というのは、「事をもうけて人をあざむく」とか「理をおさえて非をおしとおす」意味に使われる。

前述のバカがもしこの話から出たのなら、『馬鹿《ばか》』ではなく「鹿馬《かば》」になろう。また『馬鹿』はまともに読めば「ばろく」であって、『唐書《とうじょ》』にはやはり馬と鹿と分別できなかった胡亥の例をひいて、「馬鹿《ばろく》」を「愚鈍」の意に用いているが、しかし「バロクヤロウ」とは使わず、罵《ののし》る言葉とはならない。

癡《ち》、つまり愚《ぐ》ということを梵語《ぼんご》で「慕何《モハ》」といい、バカはそれの転化したものだ、という説があるが、その方が信がおけそうである。

ついでに中国語で「バカヤロウ」という罵り言葉に「王八《ワンパー》」がある。「忘八」と音《おん》が同じで、孝弟忠信礼義廉恥《こうていちゅうしんれいぎれんち》の八字を忘れた者という意味から、花柳《かりゅう》の巷《ちまた》に出入する放蕩《ほうとう》者や、妻を寝とられた男をも指すうち、罵語《ばご》に転じたようだ。しかし「忘八」は明代《みん》あたりから使用されたらしく、「王八」のほうがすでに『新五代史《しんごだいし》』に、王建《おうけん》が無頼《ぶらい》でよく牛を殺したり驢馬《ろば》を盗んだりしたので、賊王八《ゼイワンパー》と呼ばれた、とあるので、「王八」の方が「忘八」より古いことになる。

「王八」にはまた亀の意があり、亀には前出の八つの徳などわからぬからだ、という説は、どうもこじつけに聞こえる。ただよく「バカヤロウ」というとき「王八蛋《ワンパータン》」という言葉を耳にするけれど、「蛋」は卵の意で、亀の牝《めす》は蛇と交わるからだという。筆者は亀の卵を食したことがあったが、なにか気味がわるく、バカにされた感がなくもなかった。

完《かん》璧《ぺき》

璧《へき》とは円く平らで、中央にまるい孔《あな》のある玉だというが、『完璧《かんぺき》』とは「無瑕《むきず》の玉」の意から、「非のうちどころがない」ということに転化して用いられる。しかしこれも『璧《たま》を完《まっと》うして趙《ちょう》に帰《き》す』という『史記』（藺相如列伝《りんしょうじょ》）の故事から出たものである。ただしここで「璧《へき》」を「璧《たま》」と読ませたのは、璧《へき》をもって種々の玉《たま》の代表とするということで、名玉「和氏《かし》の璧《たま》」を指すのである。これは「卞和《べんか》の璧《たま》」ともいわれ、のちに一般に宝玉を意味することになる。この話は『韓非子《かんぴし》』（和氏《かし》篇）にある。

周《しゅう》の時代、楚《そ》の人で、卞和《べんか》という人物が楚山《そざん》で璞《あらたま》を手に入れて厲王《れいおう》に献じたが、ただの石だといわれて左足を切られ、次の武王の時にまたそれを献上したが、こんな石ころを、ということで右足を切られた。次にまた文王が位についた。和《か》は楚山の下で三日三晩泣きあかし、涙が尽きて血が流れた。その話をきいた文王がそのわけをたずねると、

「私は両足を切られたことを悲しんでいるのではない。この宝玉を石ころと見られたことが悲しいのです」

と和氏《かし》が答えたので、文王がその璞を磨かせてみると、はたして立派な玉になったという。

話をもとへもどすと、戦国の世、趙《ちょう》の恵文王《けいぶんおう》が、その名玉「和氏の璧」を愛蔵していた。当時ようやく強大を誇るようになった秦《しん》の昭襄王《しょうじょうおう》が、その璧《たま》を欲しがった。使者を送ってきて、秦の領内の十五城と交換しようというのである。趙は困った。ことわれば戦争をしかけられよう。そうなればいまは秦の敵ではない。しかしうっかり璧を渡せば、十五城との交換の話は知らぬ顔というおそれがある。そこで登場するのが、藺相如《りんしょうじょ》という食客《しょっかく》である。食客とはやくざ渡世の「客人《きゃくじん》」に似て、一宿一飯の恩義で、いざというとき役に立つ人物のこと。その藺相如が、璧を持参して、秦国への使者に立った。

璧を手にした秦の昭襄王は、

「これが名高い和氏の璧か、見事じゃ」

とばかりで、十五城交換の話などおくびにも出さない。

「じつはこの璧にはかすかな瑕《きず》がございます、ほれ、ここに」

と藺相如は、王の手から璧をうけとると、うしろの柱のところまであとずさって、昭襄王をにらみつけ、

「趙国は情誼《じょうぎ》を重んじて、こうして璧を持参したのに、璧だけ奪って、十五城交換の意志はないとお見うけする。璧は拙者がもちかえるが、いかぬとあれば、拙者の頭もろとも、この璧を柱にぶつけて砕きましょう」

この勇気におされて昭襄王も藺相如をそのまま帰したという。こうして璧はまた無事に趙の国にもどった。この話から、この璧をまた『連城璧《れんじょうへき》』ともいう。

蛇《だ》足《そく》

無用なことをする比喩《ひゆ》に使われるこの『蛇足《だそく》』は、『蛇を画《えが》いて足を添える』という故事から出た。「蛇に足なんかない、なんでそんな余計なものをつけ足《た》すのだ」ということ

であって、この話は『史記』(楚世家《そせいか》)や『戦国策《せんごくさく》』(斉策《せいさく》)に載っている。

楚《そ》の昭陽《しょうよう》が魏《ぎ》を攻略してから、兵を移して斉《せい》をも攻めようとしたので、説客《ぜいかく》(さしずめ選挙演説に雇われる弁士みたいなもので、当時諸侯の間を遊説して廻《まわ》ったという能弁家)の陳軫《ちんしん》が、斉の使者として昭陽に会って、次のように説きふせたという。

「楚では敵軍を破って敵将を殺すと、どんな恩賞をうけるのですか」

「官は上柱国《じょうちゅうこく》(楚の官職で最高のもの)となり、爵位も上執珪《じょうしつけい》(楚の爵位で最高のもの)となる」

「それより以上の高位高官は何ですか」

「令尹《れいいん》(楚の宰相)だけだ」

「あなたはいまその令尹、ならぶもののない地位で、もはや加えるべき何の官位もありません。ひとつたとえばなしを申し上げましょう。

ある人が家来《けらい》たちに、大杯に盛《も》った酒をふるまった。すると家来たちは、数人で飲んだら足りないが、一人で飲んだらありあまる。ひとつ、地面に蛇の画をかいて、先にできたものが飲むとしよう、ということになり、一人がまず画《か》きおわり、酒を飲もうとして左手に杯をもち、なお余裕をみせて、足だって画き足せるぞとばかり、足を画き添えた。そのうちにもう一人が蛇を画きあげ、その杯を奪いとると、もともと蛇には足はない、足を画き添えたら蛇ではない、といって、その酒を飲んでしまったということです。さて、いまあなたは魏を攻略して、なお斉を攻めようとしていられる。斉を攻めて勝ったところで、もうこれ以上官爵は上がらない。もし万一敗れたら、官爵は下がるでしょう。これはまさに、蛇を画いて足を画き添えるようなものです」

昭陽はなるほどとうなずいて、斉を攻めずに引き上げたという。

「およそ一つのことを為すには、必ず具体的な要求と明確な目的をもたねばならない。勝利に眩惑《げんわく》された人間は、往々にして無闇な楽観に蔽《おお》われて、ありもせぬことを造り出し、軽はずみに行動して、失敗を招くのは必然の結果である」

これは現在の中国で、青年読者に対して故事を説明する書物から、『画蛇添足』の個所を訳出してみたのだが、あるいは『蛇足』だったかも知れない。

挽《ばん》歌《か》

『挽歌《ばんか》』は『輓歌』とも書いて「カナシミウタ」とか「ヒキウタ」とか訓《くん》ずるが、葬式のときに柩《ひつぎ》の車をひく者が歌う歌というのが本来の意味で、『世説新語《せせつしんご》』（任誕篇《にんたん》）に、東《とう》晉《しん》の張湛《ちょうたん》が酒のあとで挽歌を歌ったが、いかにも暗く物悲しい趣があったので、桓冲《かんちゅう》が「君は田横《でんおう》の門人でもないくせに、どうしてそんなにうまく歌えるのだ」といった話が載っているから、この『挽歌』には、戦乱の世の田横の悲劇がつきまとっていることがわかる。

劉邦《りゅうほう》が漢《かん》の高祖《こうそ》となったとき、斉王《せいおう》を称した田横は誅殺《ちゅうさつ》されることをおそれて、部下五百人と海島へ逃げたが、高祖はその罪をゆるして彼を招いた。田横は洛陽へあと三十華里というところまで来ながら、やはり漢王に仕えるのを恥じて自殺し、五百人の部下はすべてこれに殉じたという。その田横の門人がつくったという喪歌《そうか》が、薤露《かいろ》、蒿里《こうり》の二章である。

（薤露の章）
薤《にら》の上の朝露　何ぞ晞《かわ》き易《やす》き
露晞《かわ》くも　明朝なおまた滋《しげ》し
人死して一たび去らば
いずれの時か帰らん

（蒿里の章）

蒿里《おくつき》は誰《た》が家の地ぞ
魂魄《こんぱく》を聚《あつ》め斂《おさ》めて　賢愚《けんぐ》なし
鬼伯《きはく》一たび何ぞ相催促《あいうなが》し
人命　少《しば》しも踟蹰《たちもとお》るを得ず

漢の楽人《がくじん》、李延年《りえんねん》がこの二章を分けて、王公貴人の喪《も》には薤露を、士大夫、庶人の喪には蒿里を用いたという。

しかしこれまた、漢の武帝が労働者の歌声の哀切なのをきいて送葬の歌としたとか（『晉書《しんじょ》』）、埋葬後、殯宮《ひんきゅう》へ霊《たま》やすめの祭りをする虞殯《ぐひん》の歌というのがあって、魯《ろ》の哀公の時代、斉《せい》の公孫夏《こうそんか》将軍がすでに部下に歌わせているとか（『左伝《さでん》』）、諸説あるが、のちには死者を哀悼する詩歌そのものを挽歌というようになり、現在はかならずしも詩歌にかぎらず、エレジーとルビでもふると、バカに新しい言葉のようにもきこえる。

濫《らん》觴《しょう》

『濫觴《らんしょう》』も当用漢字にはないし、近ごろはあまりお目にかからなくなったが、「ものの始め」「起源」という意味で文章の中へ出てくることもあろう。ただし意味は通じたとしても、その言葉の「濫觴《らんしょう》」が少々わかりにくい。「濫《らん》」は「浮かべる」、「觴《しょう》」は「さかずき」、と説明されても、それがなぜ「ものの始め」なのか。

これは孔子《こうし》とその弟子子路《しろ》の問答から発するが、出典は『論語』ではなく『荀子《じゅんし》』（子《し》道《どう》篇）にある。

子路が盛装して孔子に会うと、孔子はこういった。

「むかしから揚子《ようす》江《こう》は四《し》川《せん》省の岷《びん》山《ざん》から発して、その源流では、觴《さかずき》が浮かべられるくらいの水量だが、その揚子江が、渡し場のあたりまでくると、水量が殖《ふ》え、舟に乗って風を避けなければ渡ることはできない。下流では水量が多いためである。

いまおまえは衣服が立派で、顔色もみち足りてみえるから、この天下で誰がすすんでおまえをいさめてくれる者があろうか」

子路は走って退出し、衣服を着換えて入ってきたが、その態度には平然たるものがあった。孔子はまたつづける。

「私はおまえにいっておきたい。言葉の上で誇り競う心のある者はうわべばかりの華美《かび》になり、行為の上で誇り競う心のある者は驕慢《ごうまん》になり、いかにも物知り顔をして有能ぶる者は小人である。だから君子は、知っていることは知っているといい、知らないことは知らないという、これが言辞についての肝要《かんよう》である。またできることはできるといい、できないことはできないというのが、行為についての最上である。言辞が肝要に合えば知者《ちしゃ》、行為が最上に合えば仁者《じんしゃ》だ。知仁《ちじん》両方をかねたら、もうつけ加えるものは何もない」

ちょっと小むずかしく思えるかも知れぬが、この話、真に実力さえあれば、言行をかざる必要はないという、嚙《か》みしめるとなかなか味のある個所だと思う。しかし、揚子江の源流が出て、杯を浮かべられるという話は、はじめが肝心ということであろうが、それから「杯を浮かべる」イコール「源流《げんりゅう》」とは、少々飛躍があって、いただけないような気もしないではない。

晉《しん》の王羲之《おうぎし》が三月三日に酒宴を設けて、曲りくねった渓流に杯を浮かべて流し、自分の前に流れてくる間に詩を一首作ったという『曲水流觴《きょくすいりゅうしょう》』のような使い方の方が、ふさわしいように思う。折角「觴《さかずき》を濫《うか》べる」のだから。

龍《ろう》断《だん》

『龍断』と書くと「りゅうだん」とか「りょうだん」とか読まれそうだが、これは「ろうだん」と読む。この場合の「龍」は「壟」と同じで、「高い岡」という意味、したがって『壟断《ろうだん》』とは、「高い岡の切り断《た》った処」ということになる。

むかし市《いち》が立って物々交換をしたころの話である。その市に役人は立ち会うが、そこで起こる争いを取締まる程度であった。しかしここに心の賤《いや》しい貪欲《どんよく》な男があって、いつも岡のきりたった高い所をさがしてそこにのぼり、左右をながめて地の利を占め、市の利益を一人占めにしたので、人々はみんなこの男のやり方をいやしんだ。そこで役人もすてておけず、税金《ぜいきん》をとることにした。商人に税金をかけるということは、これから始まったものである。(『孟子《もうし》』公孫丑下篇《こうそんちゅう》)

孟子《もうし》はここで人民の利益を無視して、市利を独占龍断しようとする商人根性を指摘している。それはもう二千数百年のむかしの話だが、現在まで一向に変わらない、いや一層巧妙になった。税金を見越して利益を上げなければならぬからだろう。とまれここから『龍断』を「利益を一人占めにすること」に使うようになった。

宅地造成の現場で「龍断」を見かけるが、あの「龍断」もよく崩れて人命にかかわる。土地会社とやらもよく心して、利益を『龍断』すべきではない。

守《しゅ》株《しゅ》

『守株《しゅしゅ》』とは『株《かぶ》を守って兎を待つ』を省略した名詞である。これは株券《かぶけん》を買って値上《ねあ》がりを待っているのではない。融通《ゆうずう》をきかせなければ儲《もう》からぬは必定。『守株』とはその「融通のきかぬこと」「旧《ふる》い習慣にこだわって時変に処するのを知らぬこと」を意味する。

むかし戦国の世、宋《そう》の国の農夫の話だが、畑の中に大きな切株《きりかぶ》があって、ある日兎が走ってきて、その切株にぶつかって頸《くび》を折って死んだのを見た。農夫はそこで耕すのをやめて、毎日その株を守って、また兎のとれるのを待ったが、ついに兎は二度とかからず、その農夫は国中の笑い物になったという。(『韓非子《かんぴし》』五蠹《ごと》篇)

この話を当《とう》の韓非子は、古代の聖王の政治のやり方で当世の人民を治めようとするのは、すべてこの『守株』の類だと批評しているが、現在の中国でも、これを経験主義者のおちいりやすいところ、と指摘する。

いまでこそこれはバカな話と一笑に付《ふ》せそうだが、男はそんなに努力して田を作らずとも、草や木の実《み》だけでも食っていけたし、女は懸命に布を織らずとも、鳥や獣の羽や皮で着るものも足りた時代のこと、この悠長なお話も実感がともなうというもの。だから世知辛い現今に『守株』があてはまるわけがない。

韓非子はこの話のあとで、

「労力を使わずして生活ができ、人民が少なくて財物がありあまっているから、争いなどなくて、人民は自然に治まっているが、いま五人の子供があっても多い方ではないけれど、その子にそれぞれ五人の子供ができたら、祖父の生きている間に、孫が二十五人になる。こうして人が殖えていったら、人が多くて財物が少なくなり、いくら努力しても生活必需品が乏しくなって、人は争うことになるだろう」

といっているが、この話の方がいっそう痛切に現在に生きていそうである。

ついでだが『守株』は『墨守《ぼくしゅ》』と混同してはならない。『墨守』は「自説をまげないこと」で、いわゆる「墨翟《ぼくてき》の守り」のこと。つまり戦国の世、墨翟《ぼくてき》が公輸盤《こうしゅはん》と攻守の論をたたかわせたが、新しい武器を考案した公輸盤がどうしても「非攻論《ひこうろん》」をとなえる墨翟の守りを破ることができなかったという話が『墨子《ぼくし》』（公輸篇《こうしゅ》）に載っている。

助《じょ》長《ちょう》

『助長《じょちょう》』などなんでもなく使う言葉であるが、それは助力《じょりょく》だとか、助成《じょせい》などと同じで、「助けてよくする」といういい意味である。ところがこの『助長』にはもう一つ逆の意味があるのだ。つまり「無理に外から力を加えて、かえってわるくしてしまうこと」なのである。これは「苗《なえ》の長《の》びるを助ける」とか「苗を揠《ぬ》いて長《の》びるを助く」という言葉に由来する。

『浩然《こうぜん》の気《き》』を養う、とよくいう。ハイキングなどにいって、大自然の中で深呼吸すれば、浩然の気が養えると、現代人は考えていよう。すこし理屈っぽくいうと、浩然の気とは天地の間に充満している元気《げんき》であって、人間がこれを吸いこめば、公明正大な根源力となり、これを養えば全身に正気《せいき》があふれる、ということになる。

さてこの『浩然の気』の養いかたについて、孟子《もうし》が説明している。(『孟子』公孫丑《こうそんちゅう》上篇)

「いつも浩然の気を養おうと心がけることは結構だが、いつまでにやろうなどとあせってはならない。つまりあの宋《そう》の国の人のように、助けて長ぜしめてはいけない。

その宋の人は、苗がのびないのを気に病《や》んで、一本一本苗を引っぱって伸《の》ばした。そし

て疲れ果てて家に帰り、

『ああ、今日は疲れた。苗がはやく伸びるように、一本一本助けて伸ばしてやった』

というので、息子が変に思って走っていってみると、苗は全部枯れていたという。

いま世の中では、浩然の気を養うのに、苗を助けて長ぜしめるという無理な方法をとっているものが大半である。また浩然の気を養うなんて無益だとしてすてておく者は、ちょうど苗のまわりの雑草を抜かないでほうっておくようなものである。浩然の気を無理に早く効果あらしめようとする者は、まるで苗を抜くにひとしく、無益を通り越して、害することになる」

したがってこの『助長』は、現在只今《ただいま》では「過保護《かほご》」に当たろう。世の親御さんたちに熟読玩味《がんみ》して頂きたいものである。

逆《げき》鱗《りん》

『逆鱗《げきりん》に触《ふ》れる』という言葉は、本来の「君主の怒りに触れる」という意味では使われなくなった。その点きわめて封建的な言葉だから、民主的な今の世の中ではそのままで生きるはずはないが、「社長の逆鱗に触れてねえ」などと使っているのは、社長を君主に見立てて、非常に怒られたことを大げさに表現しているのだろう。だから本来の意味で天皇には使っておらず、あくまで比喩《ひゆ》のまた比喩で生きのびている言葉といえる。

『逆鱗《げきりん》』は「さかさうろこ」、何の鱗《うろこ》かというと、魚の鱗ではなく、龍の鱗なのである。どだい龍は架空の動物、その龍ののどにまた逆鱗があるというのだから、お伽噺《とぎばなし》にひとしい。猫ならばのどを撫《な》でてやれば喜ぶのだが、龍はそうはいかない。その逆鱗に触れると怒って人を殺すというのだ。

この話は『韓非子』（説難篇《ぜいなん》）に出ている。

人を説服するということは大へんにむずかしいことで、相手が君主であれ、貴人であれ、その相手が自分を愛しているか憎んでいるかよく察してから話をもち出さなければいけない。あの龍という動物は、機嫌のいいときは馴《な》れて、乗っても平気だが、しかしそののどもとに一尺にもわたって逆鱗《さかさうろこ》が生《は》えていて、もし人がそれに触れようものなら、かならず人を殺す。君主にもまたこの逆鱗があるから、それを心して触れないようにすれば、成功が期待できよう、というのである。

したがって『逆鱗』は「急所」か「虫の居どころ」か、この話は戦国のことで、君主諸侯の中を遊説《ゆうぜい》しているから、対象は目上の者になっているようだが、いまでは誰でも相手には『逆鱗』があるものと心得れば、処世術の一端にはなるかも知れない。

蒲《ほ》柳《りゅう》

『蒲柳《ほりゅう》の質《しつ》』とは、一般に身体が頑丈《がんじょう》でなく、華奢《きゃしゃ》で軟弱であることに使用するが、本来は自分から自分の柔弱さを表現した言葉である。「蒲柳」とは「かわやなぎ」とか「水《みず》楊《やなぎ》」とかいわれているが、ともかく柳の枝が風にひるがえる風情《ふぜい》から、弱々しいという想像はつく。そして秋が来るとまず葉を落とすのだそうである。

この出処《しゅっしょ》は『晉書《しんじょ》』(顧悦之伝《こえつし》)および『世説新語《せせつしんご》』(言語篇《げんご》)にある。

東晉《とうしん》の顧悦之《こえつし》は簡文帝《かんぶんてい》と同年なのに、はやくも髪がまっ白だったので、簡文帝が、

「きみはなんでわたしより先に白くなったのかね」

というと、

「蒲柳の質は秋が来ると落葉しますが、松柏《しょうはく》の質は、霜にもめげずいよいよ葉を茂らせるものです」

と顧悦之が答えた、という。

ここで『蒲柳の質』に対比して、『松柏の質』が現われる。これは『論語』（子罕《しかん》篇）の「歳《とし》寒くして、然る後《のち》に松柏の凋《しぼ》むに後《おく》るるを知る」を連想させる。冬になってはじめて、松や柏が凋まずにいるのがわかる、人間も大事に遭《あ》ってはじめてその真価がわかる、ということである。ただ少々うるさいことをいうと、「松」はいいが「柏」のほうは、日本読みでの「カシワ」つまり「カシノキ」のことではなく、中国では「コノテカシワ」「ヒノキ」「アスナロウ」「ビャクシン」などの常緑樹を指す。

さてその『松柏の質』の簡文は名は昱《いく》、のちに晉《しん》の簡文帝《かんぶんてい》になったが、実権を握っていた将軍桓温《かんおん》のロボットのようなもので、在位二年ほどで病死しているから、あまり『松柏の質』にはふさわしくあるまい。

辟《へき》易《えき》

『辟易《へきえき》』は案外厄介な言葉である。「おれ、ヘキエキしたよ」などと簡単に使えて、「ぶったまげた」感じも十分出そうである。

しかし厄介だというのは「辟」自身を辞典で引いてみると実に種々雑多の意味がでてきて、全く『辟易《へきえき》』するのだが、この場合は「辟」はシンニュウをつけたのと同様「避ける」という意、「易」は「易《か》える」で、「場所を変える」という意、それで『おどろいて避け、場所を変える』ことから「たじろぐ」という意味にとっていいだろう。この出典は『史記』（項羽本紀《こううほんぎ》）にある。

そこで項王《こうおう》は大呼《たいこ》して馳《は》せ下《くだ》った。漢軍は乱れ散った。ついに項王は漢の一将を斬る。このとき赤泉侯《せきせんこう》（楊喜《ようき》）は漢の騎兵の将軍だったが、項王を追った。項王は目をいからせてこれを叱咤《しった》する。赤泉侯は人馬もろとも『辟易』して退却すること数里。項王は漢軍の包囲を突破して、その部下の騎兵隊と会って三か所に集結した。

項羽最後の垓下《がいか》の戦いの一節である。そしてこの『辟易』はたしかに敵の威勢にしりごみして逃げていくことだ。

しかしこの『辟易』はもう二つほど別の意味がある。一つは『国語《こくご》』（呉語《ごご》）にあるもの。これはいわゆる呉越《ごえつ》の争いの折、伍子胥《ごししょ》（楚人）が呉王闔廬《こうりょ》を助けて呉にいたが、呉王夫差《ふさ》に容れられず自刃《じじん》する前の話、「員《うん》（伍子胥の名）、疾《しつ》、辟易《へきえき》と称し、王（夫差）の親しく越《えつ》の禽《とりこ》となるを見るに忍びず」という。果たして呉は、越に亡《ほろぼ》されることになるのだが、ここの『辟易』は「狂疾」つまり「狂人」だとされる。したがって、『辟易』には狂疾という意味があるのだが、ここはどうも「退き避けて」でも意味が通じそうに思われ、この注《ちゆう》を信じきれぬのだが、もう一つは『呂氏春秋《りよししゆんじゆう》』（上農篇《じようのう》）にある。農村の禁制の一か条として、土地を『辟易』しなければ、麻も植えられぬし、肥料も与えない、とあるが、この『辟易』は、あきらかに「開墾《かいこん》」であろう。

「一つの言葉にそんなにいろいろな意味があったら『辟易《へきえき》』するよ」と使ったら、これは「うんざり」であろうか。

敬《けい》遠《えん》

「ぼくは敬遠《けいえん》しておくよ」「あいつは敬遠したほうがいいぜ」これはもうきわめて普通に使う言葉だ。敬遠主義なんて言葉もできている。だがその意味は、うわべは敬するふりをして、実は親しまない、いや、もう尊敬なんて意味はどこかへいってしまって、軽蔑《けいべつ》さえしているとみてもいいだろう。

しかし本来の意味はちがう。この語は「敬してこれを遠ざける」から出た。その出典は『論語《ろんご》』（雍也篇《ようや》）にある。

知《ち》とは何か、について弟子の樊遅《はんち》がたずねたのに対して、孔子は、

「民の義を務め、鬼神《きしん》を敬して之を遠ざく。知《ち》と謂《い》うべし」

と答えた。また仁《じん》とは何か、ときくので、

「仁者は難きを先《さき》にして、獲《う》ることを後《のち》にす。仁《じん》と謂《い》うべし」

と答えている。

樊遅は孔子の御者《ぎょしゃ》だったという男だから、同じ弟子でも顔淵《がんえん》などに答える言葉より判りやすくしたそうだが、これだけの言葉でも深遠《しんえん》といわざるをえない。くだいていえば、こういうことになろうか。

「知恵《ちえ》というのはこういうことだ、人としてしなければならないことを一生けんめいにやり、人の力以上の力をもっている神仏《しんぶつ》は敬《うやま》って、あまり近づいてこれを汚すようなことをしないこと。また仁《じん》というのは、人のいやがるようなやりにくいことを率先《そっせん》してやり、その報酬《ほうしゅう》のことなど考えない、ということだ」

さてこの「鬼神を敬して遠ざく」が東洋的知恵として評価されるところである。神や仏、これは人力を超《こ》えたところにある。だから迷信的に深入りすべきものではないが、さりとて否定もしない。神や仏なんて観念の世界ででっち上げたもので、そんなものはありはしない、というのではなく、それには尊敬の念を抱きながら、それにはとらわれずに、人間は人間としてやるべきことを着実に実行していくこと、それこそ知恵だという。この「敬遠主義」、案外現実的ではないか。

登龍門《とうりゅうもん》

「一流大学への登龍門《とうりゅうもん》」とでも書いてあれば、予備校の看板と知れようし、これは龍という実は架空の動物がなんとなく勇ましい生きたものに思えて、天《あま》かけて飛躍できるような錯覚を起こすのだろう。だからこれは、龍となって天に登る門、と受けとられているやも知れない。

しかしこれは実は、「龍門を登る」なのである。そしてたしかに「人が栄達《えいだつ》するたとえ」なのだが、実は「名士につてをもとめて、自分の名声を高める」という、いたっていさぎよくない故事から出たものだ。

後漢《ごかん》に李膺《りよう》という人物があった。桓《かん》帝のとき、司隷校尉《しれいこうい》といって労役《ろうえき》や捕盗《ほとう》を司《つかさど》る官にいた。当時朝廷は乱れて、いわゆる宦官《かんがん》が跋扈《ばっこ》して暴虐《ぼうぎゃく》をほしいままにしたが、彼はそれに対抗する正義派官僚の中心人物で、きわめて人望があり、天下の士は争って彼の知遇《ちぐう》を得ることを望んだという。

膺《ようひと》独り風裁《ふうさい》を持《じ》し、以《もっ》て声名《せいめい》自《おのずか》ら高し。士《し》の其《そ》の容接《ようせつ》を被《こうむ》る者あらば、名づけて登龍《とうりゅう》門《もん》と為《な》す。(『後漢書』李膺伝)

『登龍門』の由来はここに現われるが、『龍門』とは黄河《こうが》の上流、山西《さんせい》、陝西《せんせい》の両省の境にある急流で、多くの魚類がその下に集まっているが登ることは不可能、万一これを乗りきって登れば龍となることができる、というのである。

したがって『龍門を登る』とは、難関を突破して躍進の機会をつかむことに使われるようになった。ひいては栄達の関門と目される大学受験へと転化されたのである。

なお『登龍門』の反対を意味する言葉に『点額《てんがく》』がある。

鱣鮪《てんい》(大魚の名)は鞏穴《きょうけつ》を出でて三月《みつき》にして上《のぼ》り、龍門を渡る。渡ることを得れば龍と為《な》り、しからざれば、『点額《てんがく》』して還《かえ》る。(『水経注《すいけいちゅう》』)

『点額』とは「額《ひたい》に傷《きず》つく」ことである。そしてこの故事から転じて、「試験に落ちること」を意味するが、縁起《えんぎ》がわるいからか、この言葉は全然使われてきていないけれど、額に傷つかぬように頑張って、龍門を登ってほしいものである。

食指《しょくし》

『食指《しょくし》』とは手の第二指、つまり「ひとさしゆび」のことであるが、『食指が動く』という言葉がよく使われる。

「そりゃあいいな。食指が動くな」

対象がご馳走《ちそう》の場合は本来の意味に近いが、食物でなく、何か物事であっても、これが使われるようになっている。つまり「やる気になる」ということである。

本来の「美味に接する前兆」という話はこうである。

魯《ろ》の宣公《せんこう》四年のこと、楚《そ》の人がすっぽんを鄭《てい》の霊公《れいこう》に献じた。公子《こうし》の宋《そう》と家《か》がつれだって朝廷へあがったところ、宋の食指がぴくぴくと動いたという。

「わたしはこういうことがあると、かならず珍しいご馳走にありつくのだ」

霊公の前へ出ると果たして料理人がすっぽんを料理しているので、二人は思わず顔を見合わせて笑った。霊公がそのわけをたずねたので、宋の食指の動いたことを家が申し上げた。それなのに霊公はお相伴《しょうばん》させる時になって、宋には食べさせなかった。宋は怒って、すっぽん鍋に指を突っこんで、その指を舐《な》めながら退場した。霊公はその無礼な振舞に腹を立てて、宋を殺してやろうと考えた。それならこっちから先手をうってやろうと、宋は家に相談したが、主人を殺すのはよくないといわれ、それなら家に無実の罪をきせて霊公に告げ口してやるとおどしたので、家も仕方なく同意して、二人で霊公を殺した。

『春秋《しゅんじゅう》』には家が殺した、と書いてあるが、これは家が宋を阻止する才覚《さいかく》のなかったことを責めているのだ。家は仁《じん》ではあったが、武を欠いていた、と評されている。およそ君を殺害した事件で、ただ君某を弑《しい》したと書くのは、君が無道なのであり、臣某がその君某を弑したと書くのは、臣の罪なのである。（『左伝《さでん》』宣公《せんこう》四年）

この話では本当に食指が動いたようだが、どんな動き方をしたのか、曲げて動かしたらいまでは変なことになるが、ともかくおかしな話である。そのあとまた霊公が意地悪をして食わせなかったり、単なる悪ふざけとしたら君王として大人《おとな》げないし、まるで彼らは暇をもてあましていたみたいだ。それで悠長かと思えば、すぐ殺し合う。『春秋左氏伝《しゅんじゅうさしでん》』の評さえも、あまりいただけないが、ともかく食いものの恨みはこわい、ということか。

漁夫《ぎょふ》の利《り》

『漁夫《ぎょふ》』は「漁父」と書いて「ぎょほ」と読ませたりもしたが、いまでは『漁夫《ぎょふ》の利《り》』でよかろう。『漁夫の利を占める』ということで、すっかり人口に膾炙《かいしゃ》しているからである。これは「第三者が利益を占める」ことだが、何でそうなるのかというと、『鷸蚌《いっぽう》の争い、漁夫の利となる』ということなのだ。「鷸《いつ》」は「シギ」、「蚌」は「ハマグリ」。つまりシギとハマグリとが争ってどちらも負けないでいる間に、第三者の漁夫につかまってしまったという話。

戦国の世、北方に位置する燕《えん》が、西の趙《ちょう》と、南の斉《せい》におびやかされていたころ、有名な能弁家の蘇秦《そしん》の死後、弟の蘇代《そだい》が兄の遺志をついで活躍し、燕を伐《う》とうとする趙の恵文王《けいぶんおう》を説得する。

「このたびこちらへまいります折、易水《えきすい》を渡りましたところ、蚌《はまぐり》が口をあけて陽《ひ》なたぼっこをしておりましたが、鷸《しぎ》がきてその肉をついばみましたので、蚌がいそいで口を閉じて、鷸のくちばしをはさんでしまいました。

『今日も雨が降らず、明日も雨が降らないと、死んだ蚌ができるぞ』

と鷸が申しますと、蚌も負けておらず、

『今日もはなさず、明日もはなしてやらなかったら、死んだ鷸ができるぞ』

とやりかえし、どちらもゆずろうといたしません。そこへ漁夫がきて、両方ともまんまと捕えてしまいました。

いま趙は燕を伐とうとしておられますが、燕と趙が永いこと張り合っていると、人民は疲れ果て、あの強い秦《しん》が漁夫になりはしまいかと危ぶまれるのでございます。どうぞ王さま、よくよくお考えくださいませ」（『戦国策《せんごくさく》』燕策《えんさく》）

これはかなり気のきいた寓言と思われるが、『鷸蚌の争』の方は面倒な字のせいもあってか、いまではあまり使われなくなっている。

古《こ》稀《き》

「古稀《こき》の祝い」といえば、七十歳のお祝いだから、そうたやすくできるものではなかろうが、それだからこそ一つの理想にするのだろうか、案外この言葉はよく耳にするような気がする。

なぜ『古稀』が七十歳か。『人生七十古来稀《こらいまれ》なり』だからだ。大体ここまでは常識になっていそうだ。それなら誰がいったのか。孔子《こうし》あたりだろうか。『論語』にでもありそうな言葉だからだ。

「吾《わ》れ、十有五《じゅうゆうご》にして学に志す。三十にして立つ。四十にして惑《まど》わず。五十にして天命《てんめい》を知る。六十にして耳順《したが》う。七十にして心の欲する所に従って矩《のり》を踰《こ》えず」（『論語』為政《いせい》篇）

この孔子の言葉から、たしかに人の年齢になぞらえて、十五歳を志学《しがく》、三十歳を而立《じりつ》、四十歳を不惑《ふわく》、五十歳を知天命《ちてんめい》、六十歳を耳順《じじゅん》という。そして七十歳は、『従心《じゅうしん》』といって、『古稀《こき》』ではない。実は『人生七十古来稀なり』とは、孔子ではなくて、唐の有名な杜甫《とほ》の詩の一句なのである。

杜甫、四十七歳のころの作であろうと推定されているが、長安《ちょうあん》の都の東南にあった行楽《こうらく》の地、曲江《きょっこう》を歌った二首のうち、あとの詩に出てくる。

朝《ちょう》より回《かえ》りて　日日《ひび》に春衣《しゅんい》を典《しち》し
毎日　江頭《こうのほとり》に酔《よい》を尽《つ》くして帰る。
酒《さけ》の債《かり》は尋常《ふつう》のこと　行処《いずこ》にもあれど
人生七十　古来稀《こらいまれ》なり
花を穿《うが》って蛺蝶《あげはちょう》　深くかすかに見え
水を点《たた》く蜻蜓《とんぼ》　ゆるやかに飛ぶ
風光《ふうこう》に伝語《ものもう》す　ともに流転《るてん》しつつ

暫時《しばし》　相に賞《たがいしょう》して　相《あ》い違《たが》うこと莫《なか》れ

ここで杜甫は、『人生七十古来稀なり』と哀感こめて歌っているが、この言葉はすでにそれ以前から諺《ことわざ》のように使われていたものではないかともいわれる。しかし、杜甫がこの詩中に定着させ、それから発して、杜甫も達しえなかった（杜甫は五十九歳で死んでいる）七十歳という、古来稀な年齢まで生きればめでたし、として、古稀《こき》を祝うことになったのであろう。

孔子のように、七十歳になると心の欲するままに行動しても、道徳の規範《きはん》にぴったり合う、などという、いかにももっともらしい言い方は、なじめなかったようだ。わずかに四十を不惑《ふわく》、六十を耳順《じじゅん》がたまに使われるくらいで、七十を従心《じゅうしん》などとは、初耳《はつみみ》の方《かた》も多かろう。

ただ『古稀《こき》』を寿《ことほ》ぐとしても、いたずらに馬齢《ばれい》をかさねて恍惚《こうこつ》とやらにならぬことだが、その年老いてなお壮健なことを、『矍鑠《かくしゃく》』という。もっともこれは六十二歳のことながら、後漢《ごかん》の馬援《ばえん》将軍が、年老いてもまだ戦えるとて、武装をし、馬に騎《の》ってみせたところ、光《こう》武帝《ぶてい》が『矍鑠たるかな、この翁《おう》や』と賞讃したという。（『後漢書《ごかんじょ》』馬援《ばえん》伝）

「矍《かく》」は「はやる」、「鑠《しゃく》」は「かがやく」、むずかしい字だし、ニュアンスからいっても少々軍国主義的な感じはするが、これまた『古稀』と関連して、まだ使われているようだ。

もうこの故事や、ややこしい字は忘れて、『かくしゃく』と使ったらよかろう。年老いてなお『かくしゃく』に越したことはない。

切磋《せっさ》琢磨《たくま》

『切磋《せっさ》琢磨《たくま》』、こういう漢字を並べた言葉は、おのれの学問をひけらかしたり、自分の言葉に重みをつけたり、えてしてそういうふうに使われがちで、だから政治家や、政治家になろうとする選挙演説などによく使用される向きが多いようだ。でもその言葉自身に何も罪はない。それどころか、この意味は大へん立派で、「学問や道徳を向上させること」である。

「切《せつ》」は刀や斧《おの》で切ること。「磋《さ》」は鑢《やすり》でとぐこと。「琢《たく》」は槌《つち》や鑿《のみ》でうつこと。「磨」は砂や金でみがくこと。つまり骨角《こつかく》の細工《さいく》には切磋をほどこし、玉石《ぎょくせき》の細工には琢磨するのだという。それを学問、道徳の向上になぞらえたもの。それはすでに遠く周《しゅう》の時代衛《えい》の国の君主武公《ぶこう》をたたえたといわれる詩篇の中に出てくる。

彼の淇《き》の河の奥《くま》（隈）瞻《み》れば

緑の竹は　猗猗《いい》（盛《さか》ん）たり
切《せっ》する如く　磋《さ》する如く
琢《たく》する如く　磨《ま》する如く
赫《かく》（かがやく）たり　咺《かん》（あきらか）たり
匪《ひ》（立派）なる君子ありて
終《つい》に諼《わす》るべからず（『詩経』衛風《えいふう》）

これはそのまま君主の美徳の礼讃《らいさん》であって、骨や象牙《ぞうげ》に加工し、玉や石を磨いた美しさにたとえているのである。光り輝く人格の美しさも、精巧な象牙彫《ぞうげぼ》り、なめらかに光る玉のように、一朝一夕《いっちょういっせき》には成らないということ。

連関して考えられる言葉に『他山《たざん》の石《いし》』がある。これも『詩経』の「小雅《しょうが》」（鶴鳴《かくめい》）に「他山の石も錯《さく》（礪石《といし》）となりうる」「他山の石もて玉を攻《みが》くべし」と出てくる。「他山」は別に固有名詞ではなく、別の山であろう。いい石の採れる山から出たものは、もとより別の山の石とは比べものにならぬが、いい石を磨くものとしては役に立つ。不善の人も善人の徳を磨く道具になるということから転じて、自分に直接関係のないものでも、それによって自分を反省する材料にする、というような積極的な意味に使われる。

大いに『切磋琢磨』し、かつ『他山の石』を反省の具にしたならば、それこそ立派な人間ができあがることであろう。

鶏口牛後《けいこうぎゅうご》

『鶏口牛後《けいこうぎゅうご》』よりも、少々ながいが「『寧《むし》ろ鶏口《けいこう》と為《な》るも、牛後《ぎゅうご》と為《な》るなかれ』さ」と漢文口調《くちょう》をそのままに使用することが多い。いかにも故事を引いていえば、という使い方である。それならその故事は、といっても、何かむかしの本にあるんでしょう、と答えられるのがおち。

「いや、大きな会社につとめていたんではね、係長か、よくて課長どまり、それよりいっそ小さくても自分で商売してみよう、そう思ったんですよ。このたとえは、そういうことでしょう」

鶏の口は小さいが、食物を入れるところで清潔だ、牛の尻は大きいが、糞《ふん》を出すところで不潔だ。大きいものの尻につくよりは、小さいものでもその頭《かしら》になれ。まさにサラリーマン根性の一典型に転移《てんい》した感がある。

戦国の世を得意の弁舌で弁躍した東周《とうしゅう》の洛陽《らくよう》の人、蘇秦《そしん》。趙《ちょう》、韓《かん》、魏《ぎ》、斉《せい》、楚《そ》、燕《えん》の六国の同盟で、大国秦《しん》に当たれ、とする有名な合従《がっしょう》の説を諸国に説いて廻《まわ》るが、韓の宣恵王《せんけいおう》に説いた言葉の中にこの『鶏口牛後』が現われる。

「韓は四方を堅固な城や要塞《ようさい》や自然の要害《ようがい》に囲まれ、その土地も九百余里四方、兵力も数十万、それに武器の材料にも事欠かず、その生産の工場も完備して、それを使用する兵士も勇気りんりん、一騎当千の強者《つわもの》ばかりではありませんか。この韓の強大さと、大王の賢明さがありながら、秦に仕えることになれば、国家を辱《はずかし》め、天下の物笑いとなりましょう。もし秦に仕えたら、領土を求める野心の強い秦は、次々に韓の土地を要求するでしょう。戦わずして土地が削られてゆくのです。世俗の諺《ことわざ》にも申すとおり『寧《むし》ろ鶏口《けいこう》と為《な》るも牛後《ぎゅうご》と為《な》るなかれ』です。秦に仕えることは、まさに牛後となることです。大王の賢明さと勇敢な韓の兵を擁しながら、牛後と軽蔑《けいべつ》されますことは、臣のひそかに大王のために恥ずるところであります」（『史記《しき》』蘇秦《そしん》列伝）

ここでも『鶏口牛後』は世俗の諺といっているから、それ以前から世上で言われていた言葉らしいが、『史記』の記録で後世に伝わったといえよう。

ただ『老子』（賛玄《さんげん》）にも「之を迎えて其の首《こうべ》を見ず、之に随って其の後《しり》を見ず」とあって、頭と尻を対《つい》にして使っているようだから、「鶏口」と「牛後」もしたがって、相対して使ってあるように思う。「牛後」を「大きなもののあとにくっつく」というのはあくまで意訳であって、「むしろ鶏の口になっても、牛の尻にはなるな」という方が、諷刺《ふうし》は鋭くなるのではあるまいか。

臥薪嘗胆《がしんしょうたん》

春秋《しゅんじゅう》時代に呉《ご》国と越《えつ》国とはながいことたがいに争ったことから、仲の悪いことを『呉《ご》越《えつ》』という。

呉《ご》王闔廬《こうりょ》は越《えつ》の允常《いんじょう》が死んだのを聞いて、軍を興して越を伐《う》ったが、允常の子句践《こうせん》が越王を称して、奇計《きけい》を用いて、呉軍を浙江《せっこう》省の檇李《すいり》に破った。奇計というのは、決死隊を三隊に分けて、次々に呉の陣営に接近して、自分で自分の首を刎《は》ねさせたという。呉軍がびっくりしてそれを見ている隙に乗じて、襲撃したのである。呉王闔廬は負傷して、臨終の際にその子の夫差《ふさ》に、

「けっして越への恨みを忘れるな」

といった。その後夫差が日夜兵をととのえ、越に報復しようとしていると聞いて、越王

句践は先手をうって呉を伐とうとした。范蠡《はんれい》がいさめたがきかず、軍を発して、太湖《たいこ》の中にある夫椒《ふしょう》で、呉軍に敗れた。そして越王句践は残兵五千人と、浙江省の会稽《かいけい》山にたてこもったが、范蠡の忠言をいれて呉王夫差の臣下となって、他日を期すことになる。これがいわゆる『会稽の恥』（降服の恥辱）である。

この臣下になることを許さず、いまこそ越を滅ぼせと諫言《かんげん》したのが伍子胥《ごししょ》だったが、呉王夫差は耳をかさなかった。

「呉王すでに越をゆるし、越王句践は帰国せり。すなわち身を苦しめ、心を焦《こ》がし、胆《きも》を坐右《ざゆう》におき、臥するときは胆を仰ぎ、飲食にもまた胆を嘗《な》め、『なんじ会稽の恥を忘れしや』という」（『史記《しき》』越世家《えっせいか》）

「闔廬傷つきて死す。子夫差《ふさ》立つ。子胥《ししょ》またこれに事《つか》う。夫差讎《あだ》を復《ふく》せんと志《こころざ》す。朝夕薪《しん》中に臥し、出入するに人をして呼ばしめていわく、夫差、なんじは越人《えつじん》のなんじの父を殺したるを忘れしか、と」（『十八史略《じゅうはっしりゃく》』春秋戦国、呉《ご》）

これらの出典からいうと、『臥薪嘗胆《がしんしょうたん》』は二つの故事から成り、「臥薪」は呉王夫差が薪《たきぎ》の上に臥《ふ》して越への復讐を忘れまいとしたこと。「嘗胆」は越王句践が胆を坐右《ざゆう》においてそれを嘗めながら呉からの屈辱を忘れまいとしたこと。

　これについて『呉越春秋《ごえつしゅんじゅう》』には「越の句践、薪に臥し胆を嘗めて、呉に報いんと欲す」とあって、いずれも越王句践のこととしているものもあるが、ともあれこの言葉は呉越《ごえつ》の因縁《いんねん》をもととして、復讐に専念するということを意味している。

　しかしここに『呉越同舟《ごえつどうしゅう》』という言葉がある。敵同士が一つ舟に乗る意である。

「それ呉人と越人とは相悪《あいにく》むも、その舟を同じくして済《わた》り、風に遇《あ》うに当たりては、その相救うや、左右の手の如し」（『孫子《そんし》』九地《きゅうち》）

　たとえ敵同士でも同じ舟に乗っていて、暴風に遭えば、左右の手のように助け合う、という。孫子《そんし》にしてはめずらしいような文章ながら、実はこれも兵を一丸として協力させる戦略とあればうなずけよう。しかし『臥薪嘗胆』もどうも復讐のための復讐じみて、怨念《おんねん》のようなものが凝《こ》るが、いずれも戦国時代の話だから、やはり血腥《ちなまぐさ》いのだろう。せめて『呉越同舟』して戦争というものを離れれば、はじめて人間同士のあたたかい血が通《かよ》ってきそうに思える。

井底《せいてい》の蛙《あ》

『井底《せいてい》の蛙《あ》』などというと何のことかと思うかも知れぬが、『井《い》の中の蛙《かわず》、大海を知らず』という日本の諺《ことわざ》と同じで、「世間知らず」「見聞のせまいもの」のたとえである。『荘子《そうじ》』（秋水篇《しゅうすい》）の中にこういう言葉がある。

「井蛙《せいあ》はもって海を語るべからざるは、虚《きょ》に拘《かか》わればなり。夏虫《かちゅう》はもって氷を語るべからざるは、時に篤《あつ》ければなり。曲士《きょくし》はもって道を語るべからざるは、教えに束《つか》ねらるればなり」

どうも難解だが、くだいていえばこういうことであろう。

「井戸の中の蛙に海の話をしてもわからないのは、自分のいる狭い場所にこだわっているからだ。夏の虫に氷の話をしてもわからないのは、自分の生きる季節を時と考えているからだ。偏見《へんけん》の人に道について話してもわからないのは、卑《いや》しい一方的な教えに自分が拘束《こうそく》されているからである」

また『後漢書《ごかんじょ》』（馬援《ばえん》伝）にはこういう話が載っている。

前漢が亡び、王莽《おうもう》が新《しん》という国を立てたがこれは短命であって、やがて後漢がつづく。そのころのこと、馬援《ばえん》は甘粛《かんしゅく》省の隴西《ろうせい》に寓居していたが、光武《こうぶ》帝《てい》と対立していた軍閥の隗《かい》囂《ごう》がそこにいて馬援を信頼して幕僚《ばくりょう》とし、ともに戦略を練《ね》る。当時やはり光武帝と対立する公孫述《こうそんじゅつ》が四川《しせん》省にいて、蜀《しょく》帝を自称していたが、隗囂は馬援を遣わしてその様子をさぐらせた。

馬援はもともと公孫述と同郷であったので、彼に会えば親しく話し合えると思っていったところ、公孫述は儀仗兵《ぎじょうへい》をずらりと並べ、大そうな威儀のととのえかたで、馬援にも、諸侯、大将軍の位を授けようなどという。

天下の雌雄《しゆう》はまだ決しておらぬ、公孫述は何をさておいても、国士《こくし》を手厚く迎えて、大事を相談すべきなのに、その気が全然ない。変にうわべばかり飾って、もったいばかりつけている。こういう人間に天下の士を引きとめる器量などない、馬援はそう感じて、早々に引き上げると、隗囂にこう報告した。

「公孫述はたかが『井の中の蛙』、一人で威張っているだけです。光武帝に忠義立てした方が得策です」

あまりそのままでは使われないが、これと似た意味で『管中《かんちゅう》に豹《ひょう》を窺《うかが》う』という言葉があって、やはり「視野の狭いこと」である。

これもやはり『荘子』(秋水篇)に、

「子《し》すなわち規然《きぜん》として、これを求むるに察をもってし、これを索《もと》むるに弁《べん》をもってす。これただに管《くだ》を用いて天を窺《うかが》い、錐《きり》を用いて地を指すなり。また小ならずや」

といっている。つまり次のような意味となろう。

「おまえはこせこせして、推察や弁論で真理をもとめようとする。これは細い管から大空をのぞき、錐で地の深さを測るのと同じで、なんと小さな見地《けんち》ではないか」

ここには「豹《ひょう》」が出てこないが、『世説新語《せせつしんご》』(方正篇《ほうせい》)には、

「晉《しん》の王献之《おうけんし》が子供のころ、書生たちがばくちをやっているのを見ていたが、勝負あったと見てとって、

『南風競《きそ》わず(『左伝《さでん》』襄《じょう》公十八年にある語、一般に気勢の上がらぬ意)』

といったので、書生たちは、子供と侮《あなど》っていった。

『この子は管中から豹をのぞいているようなもの、たまに斑《まだら》の一つを見るだけだ』

すると玉献之は怒って、

『遠くは荀奉倩《じゅんぼうせん》、近くは劉真長《りゅうしんちょう》(ともに早熟《そうじゅく》の天才として知られた人)を辱《はずかし》めるものだ』

そういって立ち去った」

ここから『一斑《いっぱん》』とか『管見《かんけん》』とかいう言葉が生まれてきて、わが国の『よしのずいか

ら天井《てんじょう》のぞく』になるが、日本のこの比喩《ひゆ》、なんとまあ小さいことか。

塞翁《さいおう》が馬《うま》

『人間万事塞翁が馬《にんげんばんじさいおううま》』といった方が通りがいいかも知れない。「人生の禍福《かふく》は常なきものだから、福も喜ぶに足りず、禍《わざわい》も悲しむに足らず」というたとえに使われる。

むかし北方の塞《とりで》の近くに、占術《せんじゅつ》をよくする老翁が住んでいたが、その馬がなぜか塞を越えて胡《えびす》の地へ逃げてしまった。みんなが気の毒に思って慰めると、翁は、

「これが福に転じないとはかぎらん。そう悲しむこともありますまい」

という。果たして数か月ののち、逃げた馬が、胡の地の駿馬《しゅんめ》をつれてもどってきた。みんながそれを祝うと、また、

「これが禍《わざわい》に転じないともかぎらんわい」

と翁がいう。家には良馬が殖えて、乗馬の好きなその息子が、馬から落ちて足を折ってしまった。みんながそれを見舞うと、また翁は、

「いや、福に転じないともかぎらん」

という。その後一年、胡人《こじん》が塞《とりで》に攻めこんできて、若者たちは弓を引いて戦い、十人のうち九人は戦死したが、翁の息子は足が悪かったゆえに、親子とも命永らえたという。だから福が禍となり、禍が福となり、変化は極まりなく、測《はか》り知れないものである。(『淮南子《えなんじ》』人間訓《じんかんくん》)

「人間《にんげん》万事塞翁が馬だ、仕方がないよ」というふうに使われて、なりゆきに任《まか》せるというニュアンスが濃い。しかしもとの話はどうも、禍も福も、人間《にんげん》みずからが招くものであって、それを心に銘《めい》じて行動すべきで、禍福そのものにあわてて、必要以上に悲しんだり手ばなしで喜んだりするな、ということらしい。それをふまえて「人間《にんげん》」と読ませているのだ、と考えたらどうであろう。ほんとうは「人間《じんかん》」と読むべきところだ。有名な唐の白楽《はくらく》天《てん》の「長恨歌《ちょうごんか》」に「天上人間会《てんじょうじんかんかな》らず相《あ》い見ん」とあるように、「天国」に対して「この世」というときは「人間《じんかん》」というべきだと思うが、ちかごろどうも混淆《こんこう》されている。ともあれここでは「この世のこと万事、塞翁の馬の話のように、禍福常ならぬもの」の意である。

禍福についての故事は古来種々あるが、われわれに親しいのはやはり『禍福は糾《あざな》える縄《なわ》の如し』であろう。「禍福とは二条の縄をより合わせたようなものだ」という。

「禍に因り福と為す、成ると敗《やぶ》るるの転、譬《たと》えば糾墨《きゅうぼく》（より合わせた縄）の如し」（『史《し》記《き》』南越《なんえつ》列伝）。

ただ、これも不可抗力的にとれるが、『禍福同門』とか『禍福無門』とかいうと、もっとはっきりしてくる。

「禍福門無し、唯《ただ》人の召《まね》く所」（『左伝《さでん》』襄《じょう》公二十三年）

（人が自分で悪をなせば悪の入る門となり、善をなせば善の入る門となる。禍も福もみなみずから招くものである）

まさに孟子《もうし》のいう「禍福は己《おのれ》よりこれを求めざる者なし」（『孟子《もうし》』公孫丑《こうそんちゅう》上篇）である。

馬耳東風《ばじとうふう》

『馬耳東風《ばじとうふう》と聞き流す』といえば、「人のいうことを気にもとめない」という意味。日本ではこれをまた一そうひねって『馬の耳に念仏《ねんぶつ》』というが、「念仏のようなありがたい言葉も、馬という畜生には分かるまい」したがって「高尚なことをいっても理解できない」というような意味にまで発展しているようである。そうなるとどうも俗っぽくなって、「馬の耳にもそよそよと春の風が吹いて、いかにも駘蕩《たいとう》とした春の景色の中で、無頓着《むとんじゃく》にいななく馬のすがた」を連想させる本来の意味も消しとんでしまいそうである。

なぜならこの出典は、唐の李白《りはく》の詩句なのである。これは「王十二《おうじゅうに》の寒夜に独酌《どくしゃく》し、懐《おもい》あるに答う」と題するもの。長詩なので、大意をご紹介して、原詩は中央の部分のみにとどめよう。

これは王十二という友人が「寒夜に独酌し、懐《おもい》あり」という詩を寄せてきたのに、答えて作ったものという。王十二が自分の不遇を李白に訴えた。李白はそれに対して、寒夜に独酌している王十二の姿を思いつつ、彼の高潔さが当世に容れられないのを慰め、かつ李白自身の人生観を述べていく。

……

君は、狸膏《りこう》、金距《きんきょ》、闘鶏《とうけい》を学び
垂《そぞ》ろに鼻息《びそく》をして、虹霓《こうげい》を吹かしむる能《あた》わず

（狸《たぬき》の膏《あぶら》を鶏の頭に塗ったり、鶏の蹴爪《けづめ》に金を嵌《は》めたり、いんちきをやって、闘鶏《とうけい》に勝つ技《わざ》に上達すると、天子にまでかわいがられて、鼻息で虹を吹くというような権勢をえられるようだが、君にはそんなことはできないの意）

君は哥舒《かじょ》を学び、青海《せいかい》を横行《おうこう》して、刀を帯び、西、石堡《せきほう》を屠《ほふ》って、紫袍《しほう》を取る能わず

（唐の哥舒翰《かじょかん》はもっぱら吐魯蕃《トルファン》征伐の任にあたって、青海地方を横行、刀を帯びて、西のかた石堡城を攻略、その侵攻を根絶したというので、紫の袍《うわぎ》を賜わり、やはり権勢を身につけたが、君にはそれをまねることはできぬの意）

詩を吟《ぎん》じ、賦《ふ》を作る、北窓の裏《うち》
万言《ばんげん》直《あたい》せず、一杯の水

（北窓の中で、詩を吟じ、賦を作る、それが君の境涯《きょうがい》であろうが、折角多くの名作を生んだとしても、それは当世では一杯の水にも値《あたい》しないの意）

世人これを聞いて、皆頭《こうべ》を掉《ふ》り
東風の馬耳《ばじ》を射《い》るが如きあり

（世人がその詩賦《しふ》を聞いても、みな頭を振り、まるで馬の耳に吹く東風、といった様子であるの意）……

『馬耳東風』もちろんここから出たのであろうが、このように本来は『東風の馬耳を射る』とあって、『射る』が少々気になる。しかし馬は敏感な動物、ことに耳には神経が集まっていようから、東の微風にもその耳がピクリと動く、その情景をこう歌ったのではなかろうか。

螢《けい》雪《せつ》

『螢雪《けいせつ》』といい『螢窓雪案《けいそうせつあん》』といっても、われわれの人口に膾炙《かいしゃ》した『螢の光、窓の雪』の歌からくる感じとは非常にちがう。前者は実はプロレタリアートの苦学力行《くがくりっこう》を意味するが、後者はいってみれば、プチブルのセンチメンタリズムである。

「東晋《とうしん》の車胤《しゃいん》は幼少のころから勉強家であったが、貧乏で油が買えなかったので、夏は袋に螢をたくさんいれて、その螢火で、夜おそくまで本を読み、後日《ごじつ》官は尚書郎《しょうしょろう》（文書のことをつかさどる官だが、晋時代の尚書郎は位が高く、いまの次官級に相当する）にまでなったという」（『晋書《しんじょ》』車胤《しゃいん》伝）

「晋《しん》の孫康《そんこう》も若くから優秀であったが、やはり家が貧しく油がなかったので、冬雪が降ると、雪の光に映じて本を読んだというほどの勉強家で、のちに官は御史大夫《ぎょしだいふ》（糾察《きゅうさつ》のことをつかさどる官だが、晉の御史大夫は三公《さんこう》に比せられて大臣級）になったという」（『晉書』孫《そん》康《こう》伝）

まるで修身の教科書的な話であるが、これが宋《そう》の王安石《おうあんせき》の『勧学文《かんがくぶん》』の、「螢窓雪案《けいそうせつあん》の間《かん》、宜《よろ》しく古昔《こせき》の聖賢《せいけん》の書を看《み》るべし」（『古文真宝《こぶんしんぽう》』前集）となり、貧乏人の苦学を脱して、螢窓は書斎《しょさい》となり、雪案は文机《ふづくえ》となった。

いまや『螢雪』は何やら「受験勉強」のにおいがして、「螢光灯の下で、去年の雪辱《せつじょく》をとげようと頑張る」意味になりかねない。

螳螂《とうろう》の斧《おの》

『螳螂《とうろう》の斧《おの》』というと、いかにも「かまきり」が二本の前足を立てて、外敵《がいてき》に向かってくるいたいけな姿が、如実《にょじつ》に連想される。いたいけと感じるのは、そんなに全身に闘志《とうし》をみなぎらせて立ち向かったとて、しょせん人間の足下に簡単にふみにじられようものを、まるで相手を呑《の》むような気概がある。だから、こんな弱小なものが、自分の力量も考えずに、強敵に反抗するたとえに使うのだろう。

「汝《なんじ》、夫《か》の蟷螂《とうろう》を知らざるか。其の臂《かいな》を怒らして、もって車轍《しゃてつ》に当《あた》る。その任に勝《た》えざるを知らざるなり」（『荘子《そうじ》』人間世篇《にんげんせいへん》）

車が軋《きし》んで通りかかる。ちょうど路傍にいた蟷螂が、轍《わだち》の中で、怒って車輪に食ってかかる。一たまりもなくひきつぶされるのも知らずに。

狭い道路で、臂《ひじ》をすれすれに自家用車が疾走していった。

「気をつけろ、バカヤロウ！」

自動車の後尾に向かってそう叫ぶのもまた『蟷螂の斧』のたぐいかも知れない。

もうすこしまとまった話が『淮南子《えなんじ》』にある。

斉《せい》の荘公《そうこう》が猟《りょう》に出かけると、一匹の虫が、足を挙げて、その車輪に打ちかかろうとしたので、

「これは何という虫か」

と御者《ぎょしゃ》にたずねられた。

「これはかまきりという虫でございます。この虫は進むのを知って、退くことを知りません。力を量らずして、敵を軽んずるものでございます」

と御者が答えると、荘公は、

「これが人間《にんげん》なら、天下の勇士となれよう」
そういって、わざわざ車をまわさせ、か、ま、き、りを避けて通ったという。(『淮南子』人間訓《じんかんくん》)
荘公がいま生きていたら、安全運転をするいいドライバーになったことであろう。

塗炭《とたん》の苦《く》

夏《か》の桀《けつ》王の虐政に反逆して兵を挙げたのは、殷《いん》の湯《とう》王である。その湯王が、夏を征伐する理由を挙げて、征討の軍に発した宣言が、すなわち「湯誓《とうせい》」といわれるものである。

「さて、汝《なんじ》らもろ人よ、みな予《よ》の言を聴け。予は反乱をくわだてているのではない。夏の国に多くの罪があるゆえに、天は、予に命じて、これを倒させるのである。

しかし汝らは、

『われわれ人民のことを考えず、われわれの農事《のうじ》をさしおかせ、なにゆえ夏を討つのか』

といっている。だが、予が汝ら人民の声をきけば、夏の君に罪のあること明白。予は人民を愛する上帝《じょうてい》の意志をうやまえばこそ、征伐せねばならぬのである。

ところが汝らはまた、

『夏の罪はいったい何か』

という。夏の君は、人民の力を疲れさせ、夏の国を害してしまった。だから人民は働く気力を失い、力を合わせず、

『この太陽さえいつかは亡びるのだろうか。みんなみんな亡びてしまうのか』

となげく。夏の悪行《あくぎょう》はこの通り。それゆえ予はかならず征伐する。

汝らは予を助けて、天の罰《ばつ》を果たさせよ。汝らが助けるならば、予は大いに賞する。汝らは予の言を信ぜよ。予は食言《しょくげん》（いつわる）することはない。

もし汝らが予の誓《ちか》いに従わずば、予は汝らを奴隷《どれい》として辱《はずかし》め、許しはせぬであろう」

（『書経《しょきょう》』湯誓《とうせい》）

そしてついに夏の桀王を南巣《なんそう》（安徽《あんき》省）に追放した湯王に、その臣仲虺《ちゅうき》が功を讃える文章を作った。

「ああ、天が人間というものをこの世に生まれさせたときには、誰にも欲望というものを許しました。それ故、君主があって人間を治めなければ、人間は欲望のままにふるまい、人間界は乱れてしまいます。だから天は聡明な人を生まれ出させ、人々を治めさせるのです。

夏の桀王は徳をくらまして、人民は塗炭《とたん》に墜《お》ちました。そこで天は王に勇気と英知《えいち》をあたえて、模範となって万国を正《ただ》し、夏の禹《う》王が平定なさった天下を継《つ》がれました。されば

王はその法に則《のっと》り、天命に従われたのです」(『書経』仲虺之誥《ちゅうきしこう》)

「夏桀殷紂《かけついんちゅう》」というと、古代中国の非道の天子の双璧《そうへき》とされているが、ここに早くもその治下の人民が『塗炭《とたん》に墜《お》ちた』ということが出ている。

「塗」は「泥水」、「炭」は「炭火」、「ぬかるみに浸《つか》り、炭火で焼かれる」ことから、「非常な難儀《なんぎ》」を『塗炭の苦しみ』というようになった。

夏《か》の時代といえば、西暦紀元前ざっと二千年、専制君主国のながい歴史に終止符を打ったのが一九一一年、中華人民共和国の成ったのが一九四九年、そう考えてみると、『塗炭の苦』という言葉は、中国人民にとっては、われわれの想像以上に痛切な意味をもっているのかもわからない。

日暮《ひく》れて道遠《みちとお》し

伍子胥《ごししょ》は楚《そ》の人である。名は員《うん》。父は伍奢《ごしゃ》といって、楚の平王《へいおう》のもとで太傅《たいふ》をつとめたが、歯に衣《きぬ》きせず諫言《かんげん》する性格が禍して、平王に捕えられて幽囚《ゆうしゅう》の身となり、もし二人の息子を呼び寄せれば殺さぬ、といいわたされる。

「長男の尚《しょう》は仁愛ぶかい人柄ゆえ、呼べばかならずまいりましょうが、次男の員は激しい性格、やってくれば父とともに捕えられることを見ぬいて、きっと来《き》ますまい」

果たして員は、父子もろとも死滅することを察して行くことを肯《がえ》んじなかったが、兄の伍尚は、

「わたしも行ったところで父の命を全《まっと》うできるとは思わぬが、父も待っていように行きもせず、後日恥をすすぐこともできずに物笑いとなるのが心残りだ。おまえは逃げろ、そして、讐《あだ》を報じてくれ」

そういって死地におもむく。

伍子胥はひとり逃れて、宋《そう》、鄭《てい》、晉《しん》と転々とした。彼の首には五万石《ごく》の米と、執珪《しっけい》という楚国の爵位《しゃくい》が、賞金としてかかっていたのだ。伍子胥は途中物乞いまでしてたどりついたのが、呉《ご》であった。

田野に耕して、時期の到来を待った伍子胥は、ついに呉王闔廬《こうりょ》のもとで国事を謀る地位を得たが、すでに楚では平王が死んで、昭王《しょうおう》の時代になっていた。呉は楚に討って出て、昭王は山野を逃げのびねばならなかった。

かつて伍子胥は楚にいたころ、楚の大夫《たいふ》の申包胥《しんぽうしょ》と親しかった。その申包胥も楚の敗戦で山中に逃れていたが、楚の都郢《えい》（湖北省）に呉軍が殺到して、伍子胥が昭王を捕えられなかった腹いせに、平王の墓をあばき、その屍《しかばね》を引き出して三百回も鞭《むち》打ったという話を

きき、使者を送って、伍子胥をなじった。

「あなたの報復の仕方はひどすぎる。いやしくもむかしはあなたも平王の臣下ではなかったか。その平王の屍をむごくも辱《はずかし》めた。このような非道を行なえば、かならず天道のむくいがあろう」

伍子胥はその使者に答えた。

「どうか、申包胥によろしく伝えられたい。わたしは、『日暮れて途遠《みち》し』で、道理にそむいた行為もしてしまったのだと」(『史記』伍子胥《ごししょ》列伝)

伍子胥という人物は、戦国の歴史の上で、復讐《ふくしゅう》の鬼となった、きわめて冷酷ないやらしい人物として映っているが、この『日暮れて途遠し』の一章は、人間伍子胥を余りなく伝えていて興味ぶかい。もう伍子胥もそのときは相当な年齢になっていた。復讐の相手も放《ほう》っておけば平王のように死んでしまう。焦燥、錯乱、それはちょうど旅人が、まだ目的地には程遠く、それなのに日が暮れてゆく、そういう心の焦りに似ている。生涯を復讐に徹底したとみられる伍子胥にも、ここにふと血のぬくもりを感じはせぬか。あるいはこれは司馬遷《しばせん》という『史記』の作者の文学的真髄なのか。

とまれ『日暮れて途遠し』とは別になんでもなく使う言葉で、ハイキングで夕方になったり、旅の途中で日が暮れて、さてどこのホテルに泊《と》まろうかなどと、案外ロマンチックなにおいがあるが、その出典はなかなか悲壮きわまりない。

背水《はいすい》の陣《じん》

『背水《はいすい》の陣《じん》』はもちろん「川を背にして陣を布《し》くこと」で、戦法の一つ。もう退けば川にはまるから、決死の覚悟で、必勝を期すのだ、というのは今や常識。故事などはすっかりかすんでしまっているといっていい。

「天官《てんかん》を按《あん》ずるに、曰《いわ》く、背水《はいすい》の陣を絶地《ぜっち》と為し、向阪《こうはん》の陣を、廃軍《はいぐん》と為《な》すと。武王《ぶおう》、紂《ちゅう》を伐《う》つとき、済水《せいすい》を背にし、山阪に向かって陣して、二万二千五百人をもって、紂の億万を撃って、商《しょう》を滅ぼせり」(『尉繚子《うつりょうし》』天官《てんかん》)

「天官」とは古代の兵法書で、その中では背水の陣、向阪の陣は、みすみす敗北を招く陣形だとしている。しかし尉繚子はその合理的な理論を逆にとっても、運用する者いかんで、逆の効果が得られるとした。つまり殷《いん》の紂《ちゅう》王を倒して天下を統一し、周《しゅう》王朝をひらいた武王がまず、黄河の支流である済水を背にし、坂に向かって陣を張りながら、寡兵《かへい》でよく紂の大軍を撃破して、商を滅ぼしたではないか、といっている。

尉繚《うつりょう》とは秦《しん》の始《し》皇帝《こうてい》に仕えた兵法家というから、普通『背水の陣』というと、漢《かん》の淮陰《わいいん》侯韓信《こうかんしん》を思い出すが、それ以前からこの陣形はあったのであって、韓信将軍の専売特許ではない。

漢《かん》王は着々とその地盤を固めてゆき、漢王朝の礎《いしずえ》を築く。そのころの将軍韓信の働きはめざましかった。魏《ぎ》を破った余勢をかって、趙《ちょう》に攻め入ろうとしていた。それを知った趙王と成安君《せいあんくん》は井陘《せいけい》の狭い口に軍を集結、兵力二十万と称される。広武君《こうぶくん》はその狭道で奇襲をかけるように進言したが、儒者であった成安君は、たかが数千の敵に奇襲作戦をしたのでは、今後のためによくないとして、正攻法を主張し、広武君の策はとらなかった。

スパイからこの報告をきいた韓信はよろこんで井陘の狭道をくだり、井陘の口から三十里ほど手前の地点で夜を待ち、夜に入って進軍をはじめる。騎兵二千人に各々赤い旗を持たせて山中にかくし、趙はわが軍の見せかけの敗走でかならず城塞《じょうさい》を空《から》にして追ってくるから、おまえたちは城塞に入って趙の旗を抜き、漢軍の赤旗を立てよ、と命じ、趙を破ってから存分に食事をしようとつけ加え、井陘の口を出ると、河水を背にして陣を布かせた。趙軍はこれを望見して、もちろんほくそえんだようである。

夜明け方、韓信は大将の旗を立て、太鼓を鳴らして、井陘の口へ討って出る。趙軍がこれを迎え討って激戦のすえ、韓信は逃げ出して河水のほとりの陣に入った。ここで一気に押しつぶそうとした趙軍は、城塞を空《から》にして全力で襲いかかったが、背水の陣は抜けずに暇どるうち、山中にかくれていた騎兵二千が城塞へ入って趙の旗を抜き、漢の赤旗がひるがえる。

背水の陣を攻めあぐねた趙軍は、城塞へもどろうとしたが、城塞はすべて漢の赤旗であったので、趙軍はおどろきあわてて算を乱し、漢軍は趙軍を挾撃してこれを破った。

漢軍は勝利を祝う。その席で諸将が韓信にたずねた。

「兵法には『山陵《さんりょう》を右にし、背にし、水沢《すいたく》を前にし、左にする』とありますが、今日の布《ふ》陣《じん》はその逆で、『趙を破ってから存分に食事をしよう』と自信たっぷり。これはどういう戦術なのですか」

「これも兵法にある。諸君が察しないだけだ。『軍を死地に陥《おとしい》れてこそ、はじめて生き、亡《ぼう》地《ち》においてこそ、はじめて存する』死地において各人に自発的に戦わせることにしたら、苦しくてみな逃げ出してしまったろう」

韓信はそう答えたという。（『史記《しき》』淮陰侯《わいいんこう》列伝）

あるいは同様の話を『十八史略《じゅうはっしりゃく》』で知って、『背水の陣』といえば韓信の戦術のように思うが、韓信はやはり十分古典の兵法を知っていて実行したにちがいない。そしてこの話からもわかるように、

「もうここまできたら、ひとつ背水の陣でいこう」

といういと、いちかばちか、やぶれかぶれの気味《きみ》があるが、そうではなくて、十分自信に満ちた戦法なのである。

髀《ひ》肉《にく》の歎《たん》

有名な『三国志《さんごくし》』の鼎立《ていりつ》の大立物といえば、魏《ぎ》の曹操《そうそう》、呉《ご》の孫権《そんけん》、蜀《しょく》の劉備《りゅうび》である。この間《かん》の興亡を描いた英雄物語が『三国志演義《さんごくしえんぎ》』として日本でも読者層に親しまれている。『髀肉の歎』とは、この中の蜀の劉備がはやいころ不遇を歎《かこ》った言葉なのである。

漢室の復興を夢みていた劉備だったが、群雄割拠《ぐんゆうかっきょ》の世界で、力とチャンスを得なければ、いくら気ばかりが焦っても、どうしようもなかった。曹操はすでに河南の地で大将軍を称して、朝廷の権力をすべて手中に握る。孫権は揚子江南岸の地に拠《よ》って防備をかためた。

そのころ劉備は湖北《こほく》の荊州《けいしゅう》の小軍閥、劉表《りゅうひょう》のところに身を寄せていた。もう五十になんなんとするのに、一向に芽は出なかった。

ある日劉表と酒を飲んでいたが、

「起《た》ちて廁《かわや》に至り、還《かえ》りて慨然《がいぜん》として涕《なみだ》を流す。劉表怪《あや》しみて之を問う。劉備いわく『常時《じょうじ》、身鞍《くら》を離れず、髀《ひ》肉《にく》みな消えしに、今また騎《の》らず、髀《ひ》裏《り》の肉生《しょう》ず。日月流るるが如く、老《おい》まさに至らんとし、功業《こうぎょう》建たず、これをもって悲しむのみ」(『三国志』蜀志《しょくし》)

「髀《ひ》」は「脾《ひ》」とも書くが、「股《もも》」のこと。常時馬に騎っていれば、股が締まっているが、久しく戦場にも出ず、馬に騎らないので、内股《うちもも》に贅肉《ぜいにく》ができてしまった悲しみである。

しかしそのあと劉備は熱心に幕下《ばっか》の人材をもとめた。部将には名に負《お》う関羽《かんう》、張飛《ちょうひ》、趙《ちょう》雲《うん》などがいるものの、学問と識見《しきけん》に富む策謀《さくぼう》の士をさがして、いわゆる『三顧《さんこ》の礼《れい》』をつくして、諸葛孔明《しょかつこうめい》を幕下に入れ、赤壁《せきへき》の戦いで彼の勇名が轟《とどろ》き、魏の曹操、呉の孫権、と並んで蜀の劉備が活躍する三国志が展開するのは、このあとの話である。

だから『髀肉の歎』はけっしてそのまま滅入ってしまうことではない。髀肉のあたりをたたきながら、やがては雄飛する日を期することである。

五里《ごり》霧中《むちゅう》

「『五里《ごり》霧中《むちゅう》』で、何が何だかわからない」という。たしかに五里にもわたって霧がたちこめたら、交通渋滞《じゅうたい》をきたす。箱根《はこね》の山あたりでもよく霧の中を、真昼間にライトをつけてクルマを徐行させているのを見かけることがある。

筆者はかつて、北海道の、札幌《さっぽろ》、小樽《おたる》間の海沿いに張碓《はりうす》というところがあって、朝方霧の深いところだが、そこでノロノロ運転に出あった。視界ほとんどゼロ、海側も絶壁、山側も絶壁、その山側の絶壁の裾《すそ》をおぼろに睨《にら》みながら、小半刻《こはんとき》もクルマをジワジワとすすめるという経験をしたことがある。

『五里霧中』という言葉は、どうもそういう自然現象を連想しがちだが、出典によるとそうではないのである。

後漢《ごかん》の学者で張楷《ちょうかい》という人、人望もあり、朝廷からの招聘《しょうへい》もあったが、うるさいことをきらって弘農山《こうのうざん》へ隠棲《いんせい》してしまった。

「張楷、あざなは公超《こうちょう》、性《せい》、道術《どうじゅつ》を好み、能《よ》く五里霧《ごりむ》を為す」（『後漢書《ごかんじょ》』張楷伝）

つまり「中《ちゅう》」はあとからついたもので、実は『五里霧《ごりむ》』というもの、それも道術《どうじゅつ》とやらでつくられた人工的なものである。はじめから「人を迷わしめるもの」として、忍者《にんじゃ》の遁《とん》走《そう》の具《ぐ》か、あるいは戦争中の発煙筒《はつえんとう》を連想させるものである。

さしずめこういう言葉は、なまじっか故事など知らぬ方がいいのかも知れない。

五十歩百歩《ごじっぽひゃっぽ》

「そりゃあ、きみ、『五十歩百歩《ごじっぽひゃっぽ》』だよ」といえば「大差ないよ」「すこしの相違《そうい》はあるが、大体同じだ」ということである。

しかしこの言葉は、大体習慣的にそういう意味に使われていて、「五十歩だって、百歩だって、そう変わりはなかろう」とぐらいしか、理解がなさそうである。しかし百歩は、ともかく五十歩の倍なのだから、大体同じとはちょっとおかしい。

そこで故事を引合いに出してみると、これは『五十歩をもって百歩を笑う』ということなのだ。

孟子《もうし》が梁《りょう》の恵王《けいおう》に会ったときの話である。

「先生には千里の遠い道もいとわずに、はるばるとお越《こ》し願ったが、かならずや梁の国に利益をもたらしてくださると思う」

富国強兵のみが念頭にある恵王に対して、孟子の仁義の話がそれから毎日のように展開される。

しかし恵王は、ご教示に従って仁は施した、それでも効果はないではないかと反問する。

「ただもう人民のために心を尽くしている。黄河の北の地域が凶作ならば、すぐその民を黄河以東に移してやった。黄河以東の凶作のときも同様の処置をとった。隣の国を見てみると、わたしほど心を用いていないようだが、隣の国の人民は減った様子もなく、わが国の人民が増加したとも思えないのだが」

ここぞとばかり孟子が答えたという。

「王は戦争がお好きだから、戦争のたとえ話でお答え申しましょう。進軍の太鼓が高らかに打ち鳴らされて、まさに白兵戦となったとき、負けた方が、鎧《よろい》を捨て、武器を引きずって逃げる。逃げ出した兵士の中には、百歩逃げてとどまる者もいるし、五十歩逃げてとどまるものもあるでしょう。そのとき、五十歩逃げてとどまったものが、百歩逃げてとどまったものを、臆病者、といって笑ったら、それはどうでしょう」

「それはもちろんだめだよ。百歩逃げなかっただけで、五十歩だって逃げたに変わりはない」

「王にもこの道理がおわかりなら、人民がいたずらに隣国より多くなることをのぞむ必要はございますまい」（『孟子』梁恵王上篇《りょうけいおう》）

つまり逃げた動作が『五十歩百歩』なのであって、この際距離に問題なく、逃げたことに変わりはない、ということなのである。だから「逃げた」ということが問題なのだ。隣国の政治のやり方と、梁の恵王の政治のやり方は、それこそ『五十歩百歩』なのだ。常日《つねひ》頃《ごろ》からたゆまずに王道を布《し》く、孟子の持論へ王をひきこんでゆく、そのきっかけにこの言葉が出ているのである。こうなるとこの『五十歩百歩』は相当に意味深《いみしん》な言葉だが、そうむずかしく考えても『五十歩百歩』と思うかたは、そのまま使っても結構であろう。

虎穴《こけつ》に入《い》らずんば虎子《こじ》を得《え》ず

『虎穴《こけつ》に入《い》らずんば虎子《こじ》を得《え》ず』とは、ずいぶん長い言葉だが、ふしぎにそのままの漢文口調《くちょう》で使われているようだ。意味からいって何てことはない、虎子は虎穴にいるのはあたりまえで、もしも虎の子を獲《と》りたかったら、虎の穴へ入っていかねばならぬこと、当然であろう。しかし虎は獰猛《どうもう》である。その子供を獲ろうというのだから、親の虎に嚙《か》み殺されるやも知れない。雀の巣から、雀の子を獲るのとはわけがちがう。だから、「危険を冒さなければ、大利はえられない」というたとえに使われる。もうそれで十分であろう。

しかしこれにはかなり勇壮なお話がつきまとっているのである。

後漢《ごかん》の光武《こうぶ》帝は王莽《おうもう》を滅ぼして漢帝国を復興したが、内政に大わらわで、国外のことにかまう余裕がなかった。その間《かん》に西域《せいいき》は乱れて、匈奴《きょうど》の勢力がはびこる。そこで二代明《めい》帝の折に、将軍竇固《とうこ》に匈奴討伐を命じ、天山《てんざん》山脈の東方で匈奴軍を破り、ようやく伊吾盧《いごろ》の地を確保することができた。現在新疆《しんきょう》ウイグル自治区の哈密《ハミ》地方である。その竇固の部将に、班超《はんちょう》がいた。

班超は『漢書《かんじょ》』編纂《へんさん》なかばで死んだ有名な班彪《はんぴょう》の末子、兄の班固《はんこ》が父の志をついで『漢書』を作成し、その妹の班昭《はんしょう》が八表《はっぴょう》と天文志《てんもんし》を続成したという、学者一家としては、班超は変わり種だったといえる。

いまでいえば冒険心の強かった班超は、小役人の生活にあきたらずにいたが、やっと竇固の軍に加わって、魚が水を得たように活躍することになる。しかし年齢はすでに四十二歳になっていたという。

班超は、西域諸国をまわって、漢に帰順するように説得する任務を竇固から与えられ、鄯善《ぜんぜん》国へ向かった。ここは楼蘭《ろうらん》の南西、タリム盆地の東部にあたる。

鄯善王はこの漢の使者の一行を手あつくもてなした。しかしある日突然待遇がすっかり変わった。

班超は敏感にその理由を感じとった。匈奴《きょうど》の使者がきて、鄯善王はどちらにつくか迷っているにちがいない。そこで接待係りを捕えて実状を吐かせ、その夜彼の部下三十六人を集めて酒宴をひらき、気勢のあがったところで班超はいった。

「貴公らがわたしといっしょにこんなに遠く故郷を離れてやってきたのは、名誉と財産をえたい為だったと思う。鄯善王はいまこのようにわれわれを冷遇しはじめた。もし鄯善王がわれわれを捕えて匈奴にひきわたすようなことがあれば、われわれはかならず殺されよう。どうしたものか」

するとと部下の連中は、

「危機にさらされたいま、死ぬも生きるも、お指図のままにします」

という。そこで班超がいった。

「『虎穴に入らずんば虎子を得ず』だ。今夜匈奴の使者の宿舎を焼き打ちしよう。彼らはこちらの人数を知らぬから、きっと混乱を起こして全滅させることができる」

案の定、匈奴の使者たちは殲滅《せんめつ》されて、鄯善王も漢に帰順したという。（『後漢書《ごかんじょ》』班超《はんちょう》伝）

その他『三国志《さんごくし》』（呉志《ごし》）などにも、「虎穴を探《さぐ》らずんば、いずくんぞ虎児を得ん」というような例もあって、このように分かりきった例言はよく使われていたろうと思われるから、かならずしも班超の創作とはいえまい。ただ班超の武勇譚《ぶゆうたん》が有名なので、「虎穴」といえば班超が浮かぶのであろう。

去《さ》る者《もの》は日《ひ》に疎《うと》し

『去る者は日に疎《うと》し』とは、「親しかった者も、一たん遠ざかると疎遠《そえん》になる」という、この世の感傷を帯びた常套語《じょうとうご》になっている。ただ距離的に隔ったのなら、また逢《あ》うこともあるであろうが、ことに死者に対して語られる時は、うたた荒寥《こうりょう》たる感じのする言葉ではある。

これは『文選《もんぜん》』の雑詩、古詩《こし》十九首の中にある、異郷に遊んで古い墳墓《ふんぼ》を過ぎ、感ずるところあって帰郷を思う詩で、全篇哀愁に満ちたものだ。

去《さ》る者は日に以て疎《うと》く
来《きた》る者は日に以て親しむ
郭門《かくもん》を出《い》でて直視《ちょくし》すれば
但《ただ》　丘《きゅう》と墳《ふん》とを見るのみ
古墓《こぼ》は犂《す》かれて　田となり
松柏は摧《くだ》かれて　薪《たきぎ》となる
白楊《はくよう》に悲風多く

蕭々《しょうしょう》として人を愁殺《しゅうさい》す
故《もと》の里閭《りりょ》に還らんことを思い
帰らんと欲するも　道　因《よ》るなし

（別れて去りゆく者は一日一日と忘れられて疎《うと》くなり、来て相接する者は日ごとに親しくなるのは世の常。いま城郭の門を出て見わたすと、目に入るものはただ丘陵と墳墓のみ。古い墓はいつか耕《たがや》されて田畑となり、そこに常緑《じょうりょく》を誇った松柏もすでにくだかれて薪になってしまった。いまはただ白楊に秋風がさらさらと鳴って、人を愁いさせるばかりである。まことこの世は儚《はか》なきものと、そぞろに故郷が恋しくなり、せめて帰りたいと思うのだが、すなおに帰れる道さえないのだ）（『文選《もんぜん》』古詩十九首の第十四首）

どだいこの『文選《もんぜん》』の「古詩《こし》十九首」は詠者も時代も判然《はっきり》しないが、古来古詩の祖《そ》として愛誦《あいしょう》されたものらしく、厭世的《えんせいてき》な色彩が濃いけれど、いずれも傑作とされている。王朝の興亡は常なく、政治的混乱が続きながらも、文化的に高度成長した六朝《りくちょう》文化の爛《らん》熟《じゅく》のかげには、こうした厭世観が漂っていたのかも知れない。

巻土重来《けんどじゅうらい》

『巻土重来《けんどじゅうらい》』とは「一度失敗してもまた勢《いきお》いをもりかえして攻めてくる」という意。即字《そくじ》的にいえば「土煙《つちけむり》をあげて、重《かさ》ねて来たる」である。現代的にいうと「大いに奮発《ふんぱつ》してまたやるさ」だ。「巻土重来で、また来年やるさ」といえば、入試に落ちた友人を慰める言葉になろう。

こうなるとどうもこの『巻土重来』とは、少々土臭《つちくさ》い、俗臭ふんぷんたる言葉に聞こえるが、実は晩唐《ばんとう》の詩人杜牧《とぼく》の詩句なのである。題名は「烏江亭《うこうてい》に題す」、または「烏江《うこう》廟《びょう》」ともいう。烏江は安徽《あんき》省にあって、項羽《こうう》が垓下《がいか》の戦いに敗れてここまで落ちのびてきたとき、烏江の亭長《ていちょう》が船を用意して、江東《こうとう》に渡って再挙をはかるようすすめたが、江東の父兄に合わせる顔がない、とみずから頸《くび》を刎《は》ねたといわれる所。

勝敗《しょうはい》は兵家《へいか》も期すべからず
羞《はじ》を包み　恥を忍ぶは　これ男児
江東の子弟　才俊《さいしゅん》多ければ
巻土重来《けんどちょうらい》　いまだ知るべからず

「かさねて来たる」だから「チョウライ」と読むべきだという説もあって、詩の中ではそう読んで感じがでるやも知れぬけれど、俗に使う場合は「ジュウライ」の方がぴったりしそうだ。ともかくこの七言絶句《しちごんぜっく》は、英雄項羽を悼み、その死を惜しんだものとして有名だが、杜牧の詩としては、あまり感心できない。『巻土重来』がいかにも俗っぽく使用されてきてしまったせいかも知れないが。

まず隗《かい》より始《はじ》めよ

『まず隗《かい》より始めよ』だ、おまえが先へやれ」といえば、「いい出しっぺ」ということになる。そのままでいまでも意味は通じるだろうが、『隗』という変な字が出てきて、それがわからぬ、ということであろう。隗《かい》とは人の名である。そしてこれにまつわる話はわりに面白い。

戦国時代、燕《えん》の昭王《しょうおう》が位《くらい》についたが燕は斉《せい》に敗れて、国威《こくい》は振《ふ》るわず、建て直しの時機であったので、まず昭王は郭隗《かくかい》先生をおとずれて相談した。

「斉は燕国の内乱に乗じて襲った。いまは燕は小国で力なく、報復など思いもよらぬが、賢能《けんのう》の士を得て、ともに国を治めて、その恥をすすぎたい。どうしたらいいかお教えいただければありがたい。いったい誰をたずねたらよいものだろう」

　すると郭隗先生が答えた。

「臣《しん》はこういう話をきいております。むかしある君主が、千金をもって千里《せんり》の馬をもとめようとしましたが、何年たっても手に入らずにいたところ、宮中の雑用をする男がいて、買ってまいりましょうというので、千金を与えて買いにやらせてみました。その男は千里の馬を見つけましたが、その馬が惜しいことに死んでいました。それでもその男は、死んだ馬を五百金で買ってかえりましたので、君主は怒って、欲しいのは生きてる馬だ、なんで死んだ馬に五百金もの金を出したんだ、と申しますと、その男は、死んだ馬でさえ五百金で買いましたから、生きてる馬ならもっと高く買ってくださるはずと考えて、良馬がやがてまいりましょう、と答えました。はたして一年もたたぬうち、千里の馬が何頭も手に入ったそうでございます。さて、王さまが、賢能の士を招きたい、と心からお思いなら、まず『隗より始めよ』でございます。隗でさえ王さまに仕えている、ということになれば、隗より優秀な連中は、千里の道を遠しとせずにやってまいりましょう」

　昭王はそこで、隗のために、易水《えきすい》のほとりに黄金台《おうごんだい》を築《きず》いてこれに師事《しじ》した。はたして魏《ぎ》から楽毅《がくき》将軍が来る、斉《せい》から陰陽家《いんようか》の鄒衍《すうえん》が来る、趙《ちょう》から政治家の劇辛《げきしん》が来るというぐ

あいに、天下の士が燕に集まって、燕の繁栄の端緒《たんちょ》になったという。（『戦国策《せんごくさく》』燕策）

ずいぶん虫のいい話のようにも思えるが、ちょっと気がきいていて、殺伐な戦国の世には微笑《ほほえ》ましい話だ。『まず隗より始めよ』といわれると困るから、と尻《しり》ごみしがちだが、こんな役柄《やくがら》なら、よろこんで引きうけてもいいであろう。

大義《たいぎ》親《しん》を滅《めっ》す

『大義《たいぎ》親《しん》を滅《めっ》す』とは「大きな道義《どうぎ》を完《まっと》うするためには至親《ししん》をすてる」「君国の大事の折には、父子兄弟の親《しん》をもかえりみない」というような意味で、あまりいただけない言葉だが、この故事は『春秋左氏伝《しゅんじゅうさしでん》』にあって、ちょっと面白い。

衛《えい》の荘公《そうこう》は斉《せい》から荘姜《そうきょう》を娶《めと》って、美人だが子がなかった。荘公はまた陳《ちん》から厲嬀《れいぎ》を娶って、一子を生んだが早死した。そしてまた厲嬀の妹の戴嬀《たいぎ》に生ませた子が、次の桓公《かんこう》になるのである。

さて荘公にはまた州吁《しゅうく》という妾腹の男の子があった。荘公はこの子を大へんかわいがって、乱暴な子だったが、したい放題《ほうだい》のことをさせていた。

大夫《たいふ》の石碏《せきさく》が荘公をいさめてこういったという。

「子を愛するなら正しい道を教え、不義《ふぎ》におちいらぬようにするもの、と聞いております。傲慢《ごうまん》、贅沢《ぜいたく》、淫乱《いんらん》、安逸《あんいつ》は身をあやまるもとですが、この四つが出てくるのは、親の愛と養育が度《ど》を過ごすからでございます。州吁さまを太子《たいし》に立てようとおぼしめすなら、はやくお立てなさいませ。さもないと、ご寵愛《ちょうあい》をかさにきて、禍《わざわい》をおこされましょう」

しかし荘公は聞き入れなかった。石碏の子の厚《こう》が、州吁と仲よくしているのを、石碏はとめたが、これまたいうことを聞かなかった。やがて桓公《かんこう》が位につくと、石碏は隠居してしまった。

案《あん》の定《じょう》、州吁は桓公を殺して自立した。しかし人民の心を把握《はあく》することはなかなか困難であった。そこで正統に衛の君主となりうる方法を、厚《こう》が父の石碏にたずねた。

「やはり周《しゅう》の王室にお目見えすることだな」

「どうしたらお目見えできましょう」

「陳《ちん》が周《しゅう》の王室と親しいし、陳と衛とは仲のよい折だから、陳へいって頼めばよかろう」

厚が州吁のお供をして陳へいった。石碏は使者を送って陳に告げた。

「衛は弱小の国、わたくしも老衰の身、なにもすることができません。ただいまそちらにうかがった二人の者こそ、わが君を殺したやからゆえ、どうぞ存分のご処置をお願いしたい」

かくして二人は誅殺《ちゅうさつ》された。

石碏はまことに臣のかがみ。州吁を討つためにわが子を巻添えにした。大義《たいぎ》のため、親《しん》を滅すとはこのことである、と称讃《しょうさん》されている。(『左伝《さでん》』隠公《いんこう》三、四年)

石碏の処置が称讃に価するかどうか知らぬが、あまり気持ちのよい話ではない。君主を殺したり、わが子を殺したり、殺伐な戦国の世の話の常であろうが、この話が面白いといったのは、前段の荘公に諫言《かんげん》した、石碏の言葉である。過保護はこんな昔にもあったらしい。その結果が、殺しの報酬《ほうしゅう》につながる。

現代中国でも文化大革命中に林彪《りんぴょう》が失脚したとき、お嬢さんが密告したというような噂があった。これまた『大義《たいぎ》親《しん》を滅《めっ》した』のかも知れない。

騏驎《きりん》も老ゆれば駑馬《どば》に如《し》かず

『騏驎《きりん》も老ゆれば駑馬《どば》に如《し》かず』これもそのままで、意味はすぐにわかる。「すぐれた人といえども、年老ゆれば、その働きは凡人におよばない」その通りである。しかし口でいうときにはいいが、字で書くとなると面倒な字だ、いっそカタカナで書く。『キリンも老いてはドバにかなわぬ』。こうなると「キリンビール」の「キリン」と同じになる。あの

「キリン」は「麒麟」である。

あの「麒麟」は、レッテルから察すると、架空の動物であろう。中国古代、これは仁心《じんしん》のあつい獣とされて、形は鹿に似るが、尾は牛、蹄《ひづめ》は馬、頭には肉でできた角《つの》があり、全身に五彩《ごさい》の毛が生えている。生きている草は絶対踏まず、生きたものはけっして食わない。聖人が出て、王道が行なわれる世に現われるといわれた。

この「麒麟」はそれほど大それた獣でもなく、あるいはまた動物園にいる頸《くび》のながいキリンでもない。馬扁《うまへん》がついているように、馬である。ただ、「よく走る馬」という。「千里を走る駿馬《しゅんめ》」なのだ。「駑馬」はいうまでもなく、「歩くのがおそい馬」である。だから本来の意味は「よく走る千里の馬も、年をとると、駄馬《だば》にも劣る」ということなのだ。

こういうたとえは、馬が労働力として生活の中に重要な地位を占めていたころ、つまりずいぶん古い時代からあったようである。

趙《ちょう》、韓《かん》、魏《ぎ》、斉《せい》、楚《そ》、燕《えん》の六国が南北に同盟を結んで、西の秦《しん》に対抗しようという、いわゆる合従策《がっしょうさく》を唱えた遊説家《ゆうぜいか》蘇秦《そしん》が、諸侯《しょこう》を説いてまわっていたとき、斉《せい》の閔王《びんおう》にその弁《べん》舌《ぜつ》をふるった言葉がある。

兵を用いて天下に先立つことを好む者はかならず、後《のち》の憂いがある。またある国と同盟し、他国を討つ者は、きっと恨みをかうことになって孤立する。

そして各国の興亡のあとを、歴史をたどって滔々《とうとう》と述べてきて、強大な国のとるべき道、弱小の国のとるべき道をそれぞれ教示してからこういった。

「むかし呉《ご》王夫差《ふさ》がその強大をたのんで天下の諸侯に先立ち、みずから諸侯を従えながら、結局身は死し、国は亡んで、天下に恥をさらしたのは、夫差が手をこまぬいたまま王者たろうと謀《はか》り、その強大をたのんで、諸侯の先に立とうとした禍《わざわい》でございます。むかし、萊《らい》と莒《きょ》という国は策略を好み、陳《ちん》と蔡《さい》という国も策謀《さくぼう》を好んで、莒は越《えつ》を頼みにして亡び、蔡は晉《しん》を頼みにして亡びました。いずれも、内に策謀をたくましくして、外は諸侯を信じた禍なのでございます。してみれば強弱大小を襲う禍は、以前のことから見てとることができましょう。

諺《ことわざ》に『騏驥《きき》（駿馬）の衰うるや、駑馬《どば》これに先立ち、孟賁《もうほん》の倦《つか》るるや、女子もこれに勝つ』と申しますが、そもそも駑馬も女子も、筋骨《きんこつ》の力が、千里の駿馬や、孟賁の腕力にまさっているわけではありません。ひとえに、あとから興って、他の力に頼るからでございます。たまたま優《まさ》ったのは、天の力を借りたまでのことでございます」（『戦国策《せんごくさく》』斉《せい》策）

燕《えん》の太子丹《たん》は、秦《しん》の人質になっていたが、逃げかえった。

秦がいまにも六国を滅ぼそうとして、その軍勢が易水《えきすい》（河《か》北《ほく》省）に臨んでいるのを見て胸をいため、なんとか打つ手はないか、と太傅《たいふ》の鞠武《きくぶ》にたずねたが、鞠武はただ強大な秦の逆鱗《げきりん》に触れるな、と消極的な答え。

そこで任俠《にんきょう》の田光《でんこう》先生を紹介された。田光が伺候《しこう》すると、丹はひざまずいて迎え、その教えを請うた。

「燕と秦とはならび立ちません。どうかご教示をたまわりますように」

すると田光先生は答えた。

「『騏驥《きき》の盛壮なるときは、一日にして千里を馳するも、その衰老《すいろう》に至っては、駑馬《どば》これに先んず』と申します。太子はいま、わたくしの若く壮《さかん》なころのことをきかれ、わたくしの精根がもう消え失《う》せていることをご存じない。しかし、国事は空しくはいたしかねます。親しくしている荆軻《けいか》がお役に立ちましょう」（『戦国策《せんごくさく》』燕《えん》策）

このあと荆軻が秦王を刺しにゆく、「風《かぜ》蕭蕭《しょうしょう》として易水《えきすい》寒し、壮士一たび去ってまた還《かえ》らず」の一段へとつづくのである。

このようにここでは「騏驎」は「騏驥」として現われるが、意味はいずれも「駿馬」である。「騏驎」と「麒麟」は当時『史記』をはじめ多くの書物に出てきて、混淆《こんこう》して使われた形跡はあるが、「駑馬」に対しての「騏驎」は「駿馬」にちがいなく、またこの諺《ことわざ》は早くからよく使われていたことも事実であろう。

太公望《たいこうぼう》

『太公望《たいこうぼう》』というとすぐに「釣師《つりし》」のこととなり、むかし中国に、釣の好きなそういう名の爺《じい》さんがいたのだろう、ということになるが、実はこれは周《しゅう》の呂尚《りょしょう》の号であって、本姓は姜《きょう》という。呂《りょ》の地（河南省）に封《ほう》ぜられたので呂姓を名のるようになったが、周の文王《ぶんのう》の師《し》であり、武《ぶ》王をたすけて殷《いん》の紂《ちゅう》王を滅ぼし、天下を定めた偉《えら》い人物なのである。また太公とは祖父または父の意で、文王の祖父古《こ》公亶父《こうたんぽ》が待ち望んだ人物ゆえ、『太公望《たいこうぼう》』と称したという。


西伯《せいはく》（のちの文王）が猟《りょう》に出ようとして占《うらな》うと、

「獲物《えもの》は竜《りゅう》でもなく、彲《みずち》でもなく、虎でもなく、羆《ひぐま》でもなく、覇《は》王《おう》を輔佐《ほさ》するものである」

と出た。果たして渭水《いすい》の北岸で釣をしている呂尚にめぐり逢《あ》い、語り合ってみて大いに喜んでいった。

「わが太公（亡父）のころから『聖人があって周にやってくる。周はその人を得て興隆する』といわれていたが、あなたはその人にちがいない。わが太公はあなたを久しく待ち望んでいたのです」

西伯は呂尚をともに車にのせて帰り、師と仰いだという。(『史記』斉太公世家《せいたいこうせいか》)

西伯、呂尚の出会いには諸説あるが、この話がいちばんすっきりしているようである。そのとき呂尚はすでに七十歳であったというが果たしてどうか。政治家とは現在でもたいへん矍鑠《かくしゃく》たるものであるが、そのままは信じがたい。またそのとき呂尚は、まっすぐな針で釣っていて、魚はかかるはずはない、文王を釣るために待っていたのだ、とはあまりに俗っぽくうがちすぎた話ではないか。

自暴自棄《じぼうじき》

『自暴自棄《じぼうじき》』。べつに何でもない言葉ながら、ことに現在は「自暴自棄者」が多いようだから、出典を調べておこう。これは『孟子《もうし》』に出てくる。

自《みずか》ら暴《そこな》う者は、与《とも》に言うあるべからざるなり。自ら棄《す》つる者は、与《とも》に為《な》すあるべからざるなり。言《げん》、礼義を非《そし》る、これを自暴という。吾《わ》が身、仁《じん》に居《お》り義に由《よ》ること能《あた》わざる、これを自棄という。仁は人の安宅《あんたく》なり。義は人の正路《せいろ》なり。安宅を曠《むな》しゅうして居らず、正路を舎《す》てて由《よ》らず哀しいかな。（『孟子』離婁《りろう》上篇）

自分から自分をそこなってかかる、つまりやけくそになっている者とは、いっしょに道理を語ることはできない。また自分を棄ててかかる、いわゆるすてばちな者とは、とてもいっしょに仕事をしていくことはできない。何かいうとすぐ礼儀なんか古いといってそしるのが、すなわち『自暴』である。また自分の身を、仁《じん》に置いていつも義によって行動するということのできないのを、『自棄』という。仁というのは、人にとってこの上もない安らかな家であり、義というのは、人にとって、この上なく正しい道である。それなのにその安らかな家を空《あ》けて居つかず、またこの正しい道をすてて歩こうとはしない。なんという哀しむべきことだろう。

『自暴自棄』にならないでじっくり読んでみると、よくわかるであろう。

小心翼々《しょうしんよくよく》

『小心翼々《しょうしんよくよく》』とは「あいつは小心翼々で、使いものにならんよ」などと使われると、「気が小さい」「小胆だ」ということである。しかし本来の意味はそうではない。

維《こ》れ此《こ》の文王《ぶんのう》は
小心翼々
昭《あき》らかに上帝に事《つか》え
聿《つい》に多《た》福《ふく》を懐《きた》す（『詩経《しきょう》』大雅《たいが》、大明《たいめい》）

仲山甫《ちゅうざんほ》の徳は
柔嘉《やわらか》にして維《こ》れ則《のっと》り
令儀令色《れいぎれいしょく》（威儀を正《ただ》し、柔和《にゅうわ》な顔で）
小心翼々
古き訓《おしえ》に式《のっと》り
威儀《いぎ》に力《つと》め

天子に若《したが》い
明命《みことのり》を賦《し》かしむ（『詩経』大雅、烝民《じょうみん》）

前者は周《しゅう》の文王の徳をたたえたもの、また後者は仲山甫という周の大夫《たいふ》の徳をたたえたもの、いずれもその一部であるが、この『小心翼々』、どちらも「細心に気をくばって、行《おこ》ないをつつしむこと」である。「翼々」とは「恭い慎《うやまつつ》しむさま」で、「小心」とは文語では「小心者《しょうしんもの》」というような意味もあるが、現代語では普通「留心《リウシン》」と同じく、「注意する」ということになる。

細心に気をつかうことは結構だが、あまりそれが見え透いて、「気が小さい」といわれないように「小心《シャオシン》」することである。

折《せっ》檻《かん》

『折檻《せっかん》』とは「親が子供を折檻する」というように「きびしく叱ること」に使われるが、考えてみると、何でこんな字を書くのだろう、とふしぎな気がしよう。「檻」は「欄干《らんかん》」、つまり「てすり」という意味だから、「てすりを折ること」。それにはこういう話があるのである。

漢の成帝《せいてい》の母は王《おう》氏、したがって成帝が位《くらい》につくと王氏を尊んで皇太后とし、外戚《がいせき》の王一族が大へんな羽《は》ぶりをきかすことになる。

南昌《なんしよう》県（江西《こうせい》省）の長官の梅福《ばいふく》が上書して、

「ちかごろ陛下《へいか》のご命令もゆきわたらず、ご威光《いこう》は臣下に奪われて、外戚王氏の権力が日ごとにさかんになっております。陛下がまだお気づきでなければ、どうかそれに原因する天変地《てんぺんち》異《い》の兆《きざし》をご賢察《けんさつ》ください。日蝕《につしよく》、地震、水害など、前代いつの世とも比較にならぬほど多くなっています。これらはいったい何の現われでありましょうか」

と申し上げたが、なんのご沙汰《さた》もなかった。

安昌侯張禹《あんしようこうちようう》も、成帝の師であるということで、国の重要な会議に参加した。成帝はあるとき張禹の邸にいき、上書のことなどを相談におよんだが、張禹は王一族に憎まれることをおそれて、天変地異のことなど気になさるな、と答えた。

これでいよいよ王一族の横暴もひどくなる。するとここに、もと槐里《かいり》県（陝西《せんせい》省）の長官であった朱雲《しゆうん》が、成帝に上書し拝謁《はいえつ》をもとめていうには、

「どうか天子のおそばにある斬馬《ざんば》剣《けん》を拝領《はいりよう》して、悪臣《あくしん》一人の首を刎《は》ね、他の者たちを励《はげ》ましたく存じます」

「悪臣とは誰のことか」

「安昌侯張禹にございます」

　成帝はいたく立腹した。

「なんじ下賤《げせん》の身分でありながら、天子の師にあたる者を辱《はずかし》めるとはなにごと。容赦《ようしゃ》はならぬ」

　御史《ぎょし》の役人が朱雲を引き立てていこうとしたが、朱雲は御殿の欄干にすがりついて動かず、ついに欄干が折れた。

　朱雲が大声で叫ぶ。

「たとえ処刑されましても、むかし君を諫《いさ》めて死んだ夏《か》の竜逢《りゅうほう》や、殷《いん》の比干《ひかん》らに従って、地下に遊ぶことができれば満足です。ただ陛下の御代《みよ》が果たしてどうなるか、それのみが心にかかります」

　左将軍《さしょうぐん》の辛慶忌《しんけいき》が懸命に命乞《いのちご》いをしたので、成帝も二人の国を思う臣の心に感じて、これを許した。その後欄干を修理しようとしたが、

「その折れた欄干はとりかえてはならぬ。そのままにして、直諫《ちょっかん》の忠臣の記念にいたせ」

　といったという。

　しかしやがて西漢《せいかん》の政治は日に衰え、王莽《おうもう》の簒奪《さんだつ》へとつづくのである。（『漢書』朱雲《しゅうん》伝、『十八史略』西漢）

このように『折檻』とは本来「強くいさめること」なのである。子供を檻《おり》に入れたり、骨が折れるほど敲《たた》くことではない。

戦々兢々《せんせんきょうきょう》

「『戦々兢々《せんせんきょうきょう》』としている」といえば「すっかりおじけがついている」ということだ。言葉としてはよく使われると思うが、字としては案外むずかしい。「兢」は「競走《きょうそう》」などの「競」とはちがう。「戦々」は「おそれること」、「兢々」は「つつしむこと」。これは早く『詩経《しきょう》』に現われる。

西周《せいしゅう》は衰亡の一途《いっと》をたどる。幽王《ゆうおう》はわずらわしい政治を避けて、美女褒姒《ほうじ》の愛に溺《おぼ》れる。側近《そっきん》の謀臣《ぼうしん》たちが、古法《こほう》を無視した政治を行《おこ》なう。天子と諸侯との対立関係が尖鋭化《せんえいか》する。そんな時代に反撥《はんぱつ》して、幽王をそしる歌の一節である。

敢《あ》えて暴虎《ぼうこ》せず

敢《あ》えて馮河《ひょうが》せず
人その一《いっ》を知って
その他を知る莫《な》し
戦々兢々
深淵《しんえん》に臨《のぞ》むが如く
薄氷《はくひょう》を覆《ふ》むが如し（『詩経』小雅《しょうが》、小旻《しょうびん》）

（虎を手うちにしたり
黄河《こうが》を徒《かち》で渡る者はない
人はその一つを知って
その他のことは知らぬ存ぜぬ
まったく戦々兢々として
深い淵に臨むかのよう
薄い氷を踏むかのよう）

この詩はたった一節でも、「故事《こじ》」だらけのようだ。まず『暴虎《ぼうこ》馮河《ひょうが》』が出る。「虎を手どりにしようとしたり、黄河を歩いて渡ろうとする」のは、たしかに「向こう見ず」「無《む》鉄砲《てっぽう》」である。『深淵に臨む』は「吸いこまれそうな深い淵に立つ」、『薄氷を踏む』は「いつ破れて冷たい水中に落ちこむかわからない」、いずれも「非常な危険にさらされること」である。

こうした危機感はなにも西周の末世《まつせ》にかぎらぬのかも知れない。いつの世も時代の危機感をもって今日に至ったともいえよう。「センセンキョウキョウ」の言葉の生きながらえた所以《ゆえん》であり、いかにも恐ろしいからか、近ごろは「戦々恐々」と書く。

恙《つつが》なし

「みなさま恙《つつが》なくお過ごしですか」と手紙に書いたりする。『恙なし』は「ご無事《ぶじ》」という意味である。「恙」は音《おん》は「よう」で、「憂《ゆう》」に通じるらしい。だから『憂《うれ》いなし』の意から「平安無事」ということになったのだろう。あるいは「恙」は「病《やまい》」だといい、またこれは虫の名で、むかし草の中に人を食う虫がいたという説もあるが、大昔のことゆえ、そんな恐い毒虫もいたのかも知れない。これの出処は早く、『詩経』と並称《へいしょう》される『楚《そ》辞《じ》』に出る。

願わくは不肖《ふしよう》の身を賜《たま》わりて別離し
志を雲の中に放遊《ほうゆう》せしめん
……
計《はか》るに専専《せんせん》はこれ化すべからず
願わくは遂《つい》に推《お》して臧《ぞう》を為《な》さん
皇天《こうてん》の厚徳《こうとく》に頼《よ》りて
還《かえ》りて君の恙《つつが》なきに及ばん（『楚辞《そじ》』九辯《きゆうべん》）

（どうか愚かなわたしの身体をおさげいただいて朝廷を去り、心を雲の中に自由に遊ばせたい。

……

思いはかるに、わたしの専一《せんいつ》なる志は変えることはできない。

どうかこのまま推《お》しすすめて善を行ないたい。

天の厚い恵みを頼んで、君王のまだご無事な間《あいだ》に、まにあいたいものである）

これは「九辯」の最後の詩句であるが、作者は楚の屈原《くつげん》の弟子宋玉《そうぎよく》である。宋玉が師の屈原が純忠なるがゆえに楚の朝廷から放逐《ほうちく》されたのを哀惜《あいせき》して作ったという。しかし宋玉はその師屈原のように正義を貫《つらぬ》いて直諫《ちよつかん》するというタイプではなくて、同じく楚に仕えて高官にのぼったが、優雅に生きた宮廷詩人であったようだ。

悲しいかな、秋の気たるや
蕭瑟《しょうしつ》たり、草木揺落《そうもくようらく》して変衰《へんすい》す

と歌い出すこの「九辯」の冒頭にも、その面目が躍如《やくじょ》としてその風采《ふうさい》がうかがわれる。

また『史記』（匈奴列伝《きょうどれつでん》）には、

「匈奴の大単于《だいぜんう》は、敬んで皇帝に問う、恙《つつし》なしや」

「漢の皇帝は敬んで匈奴の大単于に問う、恙なしや」

と、すでに手紙のやりとりに『恙なしや』を使用している。書簡用語としての歴史もながいといえよう。

白髪三千丈《はくはつさんぜんじょう》

『白髪三千丈《はくはつさんぜんじょう》』というと「ひどく誇張《こちょう》すること」を意味し、はては中国人は何ごとによらず「大げさ」だ、という証拠のようになってきた。たしかに表現はオーバーであって、中国で「気死了《チースーラ》」というと「怒って死んでしまう」と書いてあるが、「大へんに怒る」という意味だ。しかし受けとる方はけっして額面通《がくめんどお》りではないわけで、日本でもよく女の子の黄色い声で「イヤー、死んじゃう」なんていうのを耳にするのと、変わりはなかろう。

ここでも「三千」は「多い」という意味だ。むかし王室に「宮女《きゅうじょ》三千」などといっても、かならずしも三千人いたわけではない。

唐の李《り》白《はく》に「秋浦《しゅうほ》歌十七首」というのがある。その中の一首にこの『白髪三千丈』の詩があり、『唐詩《とうし》選《せん》』にも入っているので、ことにわが国でも有名になったのであろう。

白髪三千丈
愁《うれい》に縁《よ》りて箇《かく》の似《ごと》く長し
知らず　明鏡《めいきょう》の裏《うち》
何《いず》れの処《ところ》にか秋霜を得たる

（なんとこの白髪の多いこと
心につもる愁いによって、こんなに長くなったのであろう

それにしても鏡に映《うつ》る影

どこでこんなに秋の霜がかかったのだろう）

秋浦《しゅうほ》（安徽省《あんき》）のほとりを漂泊《ひょうはく》していた李白が、事志《ことこころざし》とたがった悲哀を抱いて、ある日ふと鏡の中に見出《みいだ》した自分の顔に、思わず伸びた白いもの、その驚きを、いきなりこの詩の冒頭にぶつけた。これはやはり大へんな詩人ではないか。見事だと思う。これを、わざと誇張してみせたユーモアだとか、ほんとに三千丈もありそうに思ったとか、すべてつまらぬ臆測《おくそく》のように思う。李白は思わずあごのあたりを撫《な》でながら、「曖呀《アイヤー》、白髪三千丈」と口をついて出たのであろう。曖呀《あれっ》、これも臆測かな。

教養篇

折《せっ》柳《りゅう》

『折柳《せつりゅう》』はもちろん「柳を折る」ということだが、それには「送別《そうべつ》」という意味が含まれる。すでに漢《かん》時代からこの風習はあったようで、長安《ちょうあん》の人が客を送って、東に二十五華里《かり》の覇橋《はきょう》へゆき、そこで柳の枝を折ってこれを贈って別れたという。（『三輔黄図《さんぽこうず》』）

唐《とう》の雍陶《ようとう》が陽安《ようあん》県の長官をしていたころ、客を送って情尽橋《じょうじんきょう》までゆき、その橋の名の由来をたずねると、左右の者が、送迎《そうげい》の情がここで止《とど》まる、と答えたので、雍陶は筆を命じて一詩を賦《ふ》した。

従来ただ情《じょう》の尽《つ》くし難きあり
何事ぞ　名づけて情尽橋という
これより名を改めて折柳《せつりゅう》と為し
他《か》の離恨《りこん》　一条々《いちじょうじょう》に任《まか》さん（『唐詩紀事《とうしきじ》』）

これを見ても唐の詩人雍陶が『折柳』の由来を心得ており、柳の枝のなよなよとした風《ふ》情《ぜい》が、いかにも別離の悲しみを秘めているので、この詩を詠《よ》んだことが察せられる。『折楊柳《せつようりゅう》』という楽府《がふ》、つまり曲に合わせて歌われた詩があって、すでに梁《りょう》の元帝《げん》や柳惲《りゅううん》にも歌辞《かじ》があって、客を送って水辺にゆき、そこで楊柳を折って別離の情《じょう》を現わしたものがある。これは西域《せいいき》地方から伝わったという横吹曲《おうすいきょく》の一種というから、横笛にでも合わしたものか。長安の都で流行歌のように歌われたのかも知れない。

唐の羅鄴《らぎょう》の「途中《とちゅう》友人に寄せるの詩」の、

「秋庭《しゅうてい》　悵望《ちょうぼう》　君と別れし初《はじめ》
柳を折り襟《えり》を分《わか》ちしより　千載《せんざい》の余《よ》」

の詩句は別離そのものを詠《よ》んでいるが、李白《りはく》の「春夜洛城《らくじょう》に笛を聞く」の、

「誰が家の玉笛《ぎょくてき》ぞ　暗《ひそ》かに声を飛ばす
散じて春風に入って　洛城に満つ
この夜　曲中《きょくちゅう》に　折柳《せつりゅう》を聞く
何人《なんぴと》か故園《こえん》の情を起こさざらん」

これは『唐詩選《とうしせん》』にも載っている詩で、「別離の情」から「望郷《ぼうきょう》の情《じょう》」に発展しているが、こちらはあきらかに『折楊柳』の曲を歌っている。

ちなみに「送別」に対して「留別《りゅうべつ》」という言葉があるのだが、日本ではほとんど使われていないようだ。「留別会」など聞いたことがない。しかし送る方があれば、送られる方もあるわけ、その送られる方が、とどまる人に別れを惜しむのが、『留別』なのである。
この「留別」の詩もさがせばたくさん出てきて、李白にも「留別」と題する詩があるが、ここでは白楽天《はくらくてん》の詩をご紹介しておこう。

西湖留別《せいこ》
征途《せいと》の行色《こうしょく》　風煙《ふうえん》惨《さん》たり
祖帳《そちょう》の離声《りせい》　管絃《かんげん》咽《むせ》ぶ
翠黛《すいたい》は五馬《ごば》を留《とど》むべからず
皇恩《こうおん》はただ三年《みとせ》を住《じゅう》するを許す
緑藤蔭下《りょくとういんか》　歌席《かせき》を舗《し》き
紅藕花中《こうぐうかちゅう》　妓船《ぎせん》に泊《やど》る
処々《しょしょ》　頭を廻《めぐ》らせば尽《ことごと》く恋うるに堪えたり
就中《なかんずく》　別れ難きは　是《こ》れ湖辺

これは杭州刺史《こうしゅうしし》という地方長官の任期が満ちて、西湖に留別した詩。

（旅立つ日の景色をながめると、風になびく煙霧《えんむ》がさみしげだ。送別の宴での別れの歌声も、管絃《かんげん》の音《ね》も、咽《むせ》ぶように聞こえる。翠《みどり》なす山々《やまやま》よ、この一地方長官を留《とど》めてくれるな。お上からここで三年の任期《にんき》を許されただけなのだ。思えば緑の藤棚のかげにうたげの席《むしろ》をしき、紅い蓮《はす》の花の咲く中に船をとめて妓女《ぎじょ》と遊んだものだった。頭《こうべ》をめぐらしてみれば忘れがたい思い出のかずかず、とりわけ別れがたいのが、この西湖のほとりだ）

どうも故事の中では、送別にしろ、留別にしろ、水に縁《えん》がありそうである。

滄桑《そうそう》の変《へん》

『滄桑《そうそう》の変《へん》』とは『滄海《そうかい》変じて桑田《そうでん》となる』ことで、「世の中の移り変わりの激しい」ことに用いられる。出処は『神仙伝《しんせんでん》』である。

後漢《ごかん》の王遠《おうえん》ははじめ官職にあったが、天文書に明《あか》るく、天下の吉凶を見透すようになり、ついに官を辞して山にこもり、道を体得し、仙人となったという。

その王遠が蔡経《さいけい》の家へ降臨《こうりん》することになる。金鼓《きんこ》、簫《しょう》、笛、人馬の音、王遠は冠に朱の衣《ころも》、羽車《うしゃ》に乗って、五匹の竜がそれをひく。王遠は中背《ちゅうぜい》だが、侍従はみな身の丈《たけ》一丈あまり。

そこで、しばらく民間に降《くだ》らなかったのでこの際会っておきたいとのことで、仙女の麻《ま》姑《こ》を招く。麻姑は若く美しい、年のころは十八か九、髷《まげ》を結っているが、残りの髪は腰まで垂らしている。

その席で麻姑が語った言葉である。

「わたくしその後《ご》、東海《とうかい》が三たびも桑田《そうでん》に変わったのを目撃《もくげき》いたしました。さきほど蓬莱《ほうらい》にまいりましたが、水が前より半分も浅くなっておりました。やがては陸地になるのではありますまいか」

王遠も笑って答える。

「東海からやがて塵埃《じんあい》が舞いあがるでしょうよ」

これはちょっと余談にわたるが、傍で一部《いちぶ》始終《しじゅう》を見ていた蔡経が、麻姑の爪《つめ》が鳥の爪に似ているのをながめて、背中《せなか》が痒《かゆ》いときにあんな爪で掻《か》いてもらったら、さぞやいい気持ちであろうと、心の中で考えていると、いきなり王遠に打たれたそうだ。仙人になると、人の考えがみんなわかってしまうものらしい。これがいわゆる「麻姑《まこ》の手《て》」であって、背中を掻く竹細工のものを「孫《まご》の手《て》」というのは、どうもまちがいらしい、という。（『神仙《しんせん》

伝《でん》』麻姑《まこ》）

　まあ、それはともかく、『滄桑の変』は、こうしてむかし仙女麻姑《まこ》の口から出た言葉で、大海原《おおうなばら》が干《ひ》上《あが》って、桑畑になってしまうこと。『神仙伝』には荒唐無稽《こうとうむけい》な話が多いが、これは変化の激しさをたとえて巧妙《こうみょう》である。

　これを受けて唐《とう》の劉廷芝《りゅうていし》も、その「白頭吟《はくとうぎん》」の中に、

「已《すで》に見る　松柏《しょうはく》の摧《くだ》かれて薪《たきぎ》となるを
更に聞く、桑田《そうでん》変じて海となるを」

と詠《うた》っていて、これはその後句《こうく》にある有名な、

「年年歳歳《ねんねんさいさい》　花相似《はなあいに》たり
歳歳年年　人同じからず」

と、うつろいやすい人生を歎じたもの。しかし注意すると、麻姑は「滄海が桑田に変わる」といったが、ここでは「桑田が海に変わって」いる。これはいずれでもよかったのかも知れない。まだまだそれこそ大自然そのものの変化だけを問題にしている時代なのである。干上った土地を桑畑にしたまでで、なにも埋立てたわけではなかろう。松柏を切ってせめて薪《まき》にするくらいで、山まで崩して宅地にしようなどというのではなかった。

だからやはり麻姑のきらきら輝いた美しい眼は現在まで見透していたのかも知れず、「東海からやがて塵埃が舞いあがる」といった王遠の答えは、きわめて先見の明があって、今日のスモッグのことをいっているのかも知れない。

国士無双《こくしむそう》

『国士無双《こくしむそう》』とは「一国に双《なら》びなき士」「きわめてすぐれた人物」ということゆえ、歴史上の人物をたとえれば、たくさん出てくるのだが、出処はやはり『史記』である。

漢の韓信《かんしん》は淮陰《わいいん》（江蘇《こうそ》省）の人である。貧乏で官吏にもなれず、商売をやろうにももともと、でがないので、いつも人に寄食して生きねばならなかった。そのためずいぶん嫌われたらしい。淮陰の属県《ぞくけん》で、南昌《なんしょう》の宿場の長《おさ》の家に入りびたって飯を食わせてもらっていたが、その女房にうとまれて、食事どきにいっても知らぬ顔、韓信は怒って絶交したというが、あまり図々《ずうずう》しければ、あたりまえの話だろう。

韓信が淮陰城下の淮水《わいすい》で釣糸を垂れていると、たまたま老女たちが、そこの流れで綿を漂《さら》していたが、そのうちの一人が韓信の空腹を見てとって、飯を食わせてくれたことがあった。

「いつかきっとご恩返しをするよ」

と韓信がいうと、その老女が怒って、

「大の男が自分で口すぎもできないくせに、恩返しなどと洒落《しゃれ》た口をきくな」

といったという。この老女の言い分まことにもっともである。

こんなだから韓信は、淮陰の屠場《とじょう》仲間の若者たちにバカにされていた。

「おめえは大きな図体《ずうたい》をして刀をもってやがるが、胆《きも》っ玉は小せえんだろう。勇気があるんなら、おれを刺してみろ。さもなきゃあ、おれの股《また》の下をくぐれ」

そういわれて韓信はその若者の顔をじっと見ていたが、首を垂れて四つん這《ば》いになり、その股の下をくぐった。市《まち》じゅうの連中が大笑いをしたという。

「韓信が股《また》をくぐるも時世《ときよ》と時節、踏まれた草にも花が咲く」

と、日本の俚謡《りよう》にもあるし、忠臣蔵《ちゅうしんぐら》、神崎与五郎東下《かんざきよごろうあずまくだ》りで、馬子《まご》にいたぶられる講談や浪花節《なにわぶし》もこれと関連があろう。

さてその後、楚《そ》の項梁《こうりょう》が淮水をわたるとき、韓信はその軍に投じて、一兵卒となった。項梁が敗れると、項羽《こうう》の軍隊に属した。思うところあって、しばしば項羽に献策《けんさく》してみたが、とり上げられなかった。ついに韓信は楚から蜀《しょく》（四川省《しせん》）へ逃亡して、漢王劉邦《りゅうほう》の麾《き》下《か》へ入った。しかし、項羽の軍にいるよりいくらかましなだけで、あまりうだつはあがらない。ただ丞相《じょうしょう》の蕭何《しょうか》だけが、韓信の才能を買っていたのだ。

漢王は漢中《かんちゅう》の地に封《ほう》ぜられて、都の南鄭《なんてい》（陝西省《せんせい》）におもむいたが、その途中で逃亡兵が相継《あいつ》いだ。あまり重用されない不満から、韓信も逃げた。そのとき蕭何は、韓信が逃げたときくや、漢王にも黙って、韓信を追った。丞相の蕭何が逃亡した、と聞いて、漢王も怒り、かつ落胆した。しかし二、三日たつと、蕭何がひょっこりもどってきた。

「そちはなんで逃亡したのだ」

「わたしは逃亡したのではありません。逃亡した者を追いかけたのです」

「それは誰だ」

「韓信です」

「ほかに逃げた部将がいくにんもいる。まさか韓信を追ったのではあるまい」

「いや、逃げた将軍たちぐらいの人物なら、いくらでも見つけ出せますが、韓信ほどの人物は、『国士無双』です。王が将来ずっと漢中の土地で満足なさるなら、韓信は必要ないかも知れませんが、もし天下をお望みなら、韓信は必要欠くべからざる人物です」

そして一気に大将にまで抜擢《ばってき》され、縦横《じゅうおう》に活躍することになるのだが、これはその韓信の青春篇である。（『史記《しき》』淮陰侯《わいいんこう》列伝）

『国士無双』といえば、マージャンなら「九連宝灯《チュウリエンパオトン》」と並んで、一生に一度できるかどうかという大へんな役満款《やくまんがん》であるが、こんな役《やく》がつくと、かえって縁起《えんぎ》がわるいともいわれる。韓信もまた、漢王劉邦が帝位について漢の高祖となってから、たちまち、『ああ、狡《こう》兎《と》死して良狗《りょうく》烹《に》られ、高鳥《こうちょう》尽《つ》きて良弓《りょうきゅう》蔵《かく》れ、敵国破れて謀臣《ぼうしん》亡ぶ』ということになって殺されてしまったのである。

朝三暮四《ちょうさんぼし》

『朝三暮四《ちょうさんぼし》』という言葉は、その寓話《ぐうわ》が気がきいていて、ちょっと面白いので、日本でもかなり使われたと思うが、いまでは一般には、何のことやらわからぬのではないか。

「朝の三時、夕方の四時では、何をやる時間だか見当もつかない」

「時間じゃあない、朝三粒《つぶ》、暮に四粒」

「ああ、薬をのむ時間か」

では寓話にならぬ。この話は『列子《れっし》』に出る。『荘子《そうじ》』（斉物論《せいぶつろん》）にも同じ話が載っているが、もっと簡単で、『列子』と少々ニュアンスも相違がある。

春秋《しゅんじゅう》時代、宋《そう》に狙公《そこう》という者がいた。狙《そ》とは猿のことだから、これは猿好きとか、猿マニアということであろう。この狙公が猿をたくさん飼っていた。よく猿の心を察し、猿もまた狙公の気持ちを知っていた。家の者の食を減らしても、猿には餌《えさ》を与えるという工《ぐ》合《あい》だったが、いよいよ貧乏になって、餌のほうも制限せねばならなくなった。しかし猿たちが自分になつかなくなるのを恐れて、まず猿をだましてこういった。

「おまえたちに、どんぐりの実《み》をやるのに、朝三つ、晩に四つにしたいが、どうかね」

すると猿たちがみな起《た》ち上がって怒ったので、急に言葉を変えて、

「では、朝四つ、晩三つでどうかね」

というと、猿は大いに喜んだという。

およそ利巧な者が愚か者をいいくるめるのは、みなこのたぐいである。この場合も、分け前がどっちだって同じなのに、相手を喜ばせたり、怒らせたりする。(『列子《れつし》』黄帝《こうてい》篇)

この『列子』の話から『朝三暮四』を「詐術《さじゅつ》を用いて人を愚弄すること」に使うようになったが、前述したように『荘子』の話の意図は、誑《たぶ》らかすことにはなく、実質は同じなのに、見るところに従って、是非の論を戦わしている差別感を問題にしている。

現代の中国書で教えるところでは、往々にして狙公の愚弄は、搾取《さくしゅ》階級の用いるものだ、と指摘していて、これはもちろん『列子』の話を採っているのだが、そうなると狙公がブルジョアで、猿がプロレタリアか。あるいは狙公がインテリ、猿が愚民とも考えられ、こ

の寓話はいろいろと想像をたくましくされて面白い。

九牛《きゅうぎゅう》の一毛《いちもう》

『九牛《きゅうぎゅう》の一毛《いちもう》』とは、「最多数の中の一部分」、つまり牛を九頭あつめて、その中の一本の毛というのだから、一頭の牛の毛を数えたって大へんなのに、九牛の一毛はまさに「ものの数にも入らぬ」というたとえに使われる。これは『史記』の作者司馬遷《しばせん》の言葉として出てくるのである。

司馬遷は父の司馬談《しばたん》から、旧聞《きゅうぶん》の整理をして、正しい歴史を書くことをしかと命じられていた。だから李陵《りりょう》の弁護をしたために、男としての機能《きのう》を失う宮刑《きゅうけい》に処せられても、じっと恥を忍んで『史記』を書きつづけたのである。

李陵はともに侍中《じちゅう》の職にいたものの、あながち親しい間柄でもなかったが、司馬遷は歴史家の眼で李陵の人物を見抜いていた。親には孝、友には信、金銭には廉《れん》、身命をかえりみず国家の急に馳せ参ずる性格、それを一度失敗したからといって、寄ってたかってその罪を問う、誰もがわが身だけの安全を考えてのことらしい。それが司馬遷には我慢ならなかった。

李陵は五千人足らずの兵をひきいて、胡地《こち》の奥ふかく踏みこみ、億万の軍勢を迎え撃った。その勇敢な戦いぶりに、匈奴《きょうど》たちは恐れおののき、ただ人数をたのんで遠巻きに包囲するだけ、しかし援兵は来ず、矢は尽き、ついに匈奴に捕われた。するといままで李陵の奮戦を祝って宮中で酒を飲んでいた連中が、てのひらをかえしたように、李陵の敗戦をこきおろす。そして李陵一家皆殺しの羽目に追いこむ。とんでもない、李陵は平素、部下と乏しきを分かち合い、部下と心を一つにしていたから、この奮戦ができたのだ、古来の名将にして李陵を超《こ》えるものはない。身は捕われても、必ず機会をみて、起ち上がるはず、いままで立てた李陵の功績を忘れてはならない。

しかしその弁護が曲解され、ついに宮刑を受けた司馬遷は自嘲するようにいう。

「たとえわたしが法の裁きをうけて誅殺《ちゅうさつ》されたとしても、九牛の一毛を亡《うしな》ったに等《ひと》しい」
（『漢書《かんじょ》』司馬遷《しばせん》伝）

『史記』に関し、その作者司馬遷に関してはここでくどくど申すまでもなかろう。

「司馬遷は生き恥さらした男である。士人として普通なら生きながらえるはずのない場合に、この男は生き残った」（武田泰淳『司馬遷』）

その司馬遷の自嘲の言葉となれば、この『九牛の一毛』は、そう無造作《むぞうさ》には使えないことになろう。

燕雀《えんじゃく》いずくんぞ鴻鵠《こうこく》の志《こころざし》を知《し》らんや

「燕雀《えんじゃく》」は「燕《つばめ》と雀《すずめ》」で小さな鳥、「鴻鵠《こうこく》」は「はくちょうとくぐい」で大きな鳥、それで「燕雀」を「小人物」、「鴻鵠」を「大人物」にたとえて、「小人《しょうじん》には英雄の志なんてわからない」ということになる。

「おまえなんかに、オレさまの気持ちがわかってたまるか」というときに、むかし学《がく》のある人はよく使ったものだが、漢文口調そのままだし、ちょっと比喩《ひゆ》として長すぎるからか、近ごろではほとんど使われぬようだ。

陳勝《ちんしょう》は陽城《ようじょう》の人、字《あざな》を渉《しょう》といった。若いころ人に雇われて畑を耕していたが、ふと鍬《くわ》を投げて丘にのぼり、しばし歎息してからいった。

「将来出世しても、おたがい忘れないようにしたいものですね」

「なにをねぼけてんだ。雇農《このう》の身で、出世なんてとんでもない」

雇い主が笑ったので、陳勝は吐息をもらしてひとりごと、

『燕雀いずくんぞ鴻鵠の志を知らんや』

秦《しん》の二世皇帝の元年《がんねん》七月、河南の各省から徴発《ちようはつ》された農民九百人が、漁陽《ぎよよう》（河北省《かほく》）の守備につくために出発した。陳勝ももちろん、同じ河南の陽夏《ようか》の人呉広《ごこう》もその中にいた。一行は安徽省《あんき》の大沢郷《だいたくきよう》に宿営したが、たまたま大雨が降って道が不通になった。計算してみると漁陽に到着の日限にどうしても間に合わない。秦の軍法はきびしく、期限におくれれば斬罪《ざんざい》はまぬがれない。

「天下が秦のために苦しんでいることは久しい。秦の二世皇帝は、公子扶蘇《ふそ》の地位を奪って即位し、扶蘇を殺したともきくが、民衆の多くはその死を知らぬ。また項燕《こうえん》は楚の将軍として楚の人々になつかしまれているが、その行方《ゆくえ》がわからぬ。いまもしわれらがいつわって公子扶蘇、楚の項燕と称して、天下に率先して事を起こせば、呼応する者が多いだろう」

陳勝の言葉に、呉広も賛成した。

そして、帛《きぬ》に「陳勝が王になる」と朱書して魚の腹に入れて兵卒に食わせたり、陣営の傍の祠《ほこら》にかくれて「われらの祖国楚《そ》が興る、そして陳勝が王となる」と叫ばせたりした。そのあと呉広が事をかまえて二人の将校を怒らせ、彼らが剣を抜くや、その剣を奪ってこれを殺し、兵士ら一同に向かっていった。

「諸君らは雨に遭って、期限におくれたからは、斬罪に処せられよう。どうせ死ぬなら名を挙げて死んだらどうだ。王侯将相《おうこうしょうしょう》といえども、結局は同じ人間ではないか」兵士たちは喚声をあげて応《こた》えた。そこで陳勝、呉広は、扶蘇、項燕と称して、民衆をひきいて転戦し、陳《ちん》（河南省）に入城して、陳勝は即位して王となり、国号を張楚《ちょうそ》と号したという。（『史記《しき》』陳渉世家《ちんしょうせいか》）

戦国の世らしい、衆愚《しゅうぐ》を弄《ろう》した話だが、新田義貞《にったよしさだ》が稲村が崎で剣を投じたような物語は、むかしはたくさんあったようである。だからこの場合の、燕雀だって鴻鵠だって所詮は鳥だ、知力の程度はそうちがわないようにみえる。

嚢中《のうちゅう》の錐《きり》

『嚢中《のうちゅう》の錐《きり》』とは、非常に鋭い比喩《ひゆ》のように思える。もちろんいまは便利になって、錐《きり》の先へちゃんとキャップがはまっていて、もち運びにも危なくないようにできているが、むかしは大工道具の厚い袋に入れても、錐の先だけとび出してしまって、始末にわるかったものだ。その感じがいかにもぴったりする用語ではないか。そのように「才気のある士は、じきにその鋭鋒《えいほう》を現わす」たとえとして用いられた。

平原君趙勝《へいげんくんちょうしょう》は、趙《ちょう》の恵文王《けいぶんおう》の弟だから、趙の公子の一人。賓客《ひんきゃく》をよろこび、彼のもとにやってきたその数、数千人にのぼったといわれる。当時は斉《せい》に孟嘗君《もうしょうくん》、魏《ぎ》に信陵君《しんりょうくん》、楚《そ》に春申君《しゅんしんくん》と、たがいに競争して士人を招き、厚遇していた時代であった。

秦が趙の都邯鄲《かんたん》を包囲した。趙は平原君を派遣して、楚と同盟しようとした。平原君は食客の中で、勇気もあり、文武の徳を備えた者二十人を同行しようとしたが、十九人まで選んだものの、あとの一人が足りなかった。すると食客の中で毛遂《もうすい》という者が自ら名のり出て、その二十人の中に加えるようにいった。そこで平原君がたずねた。

「先生は、わたしの門下におられて、何年になりますかな」

「三年です」

「そもそも賢明な人物が世の中におれば、ちょうど錐《きり》が嚢中《のうちゅう》にあるごとく、その先がかならず現われるもの。ところが先生はわたしの門下に三年もおられるのに、先生のすぐれた点を耳にしたこともない。つまり先生には能がないことになる」

すると毛遂がいった。

「わたくしは今日はじめて嚢中に入れてくださいとお願いするのです。もしはやくから嚢中に入れてくださったら、錐の穂先《ほさき》はおろか、穎脱《えいだつ》して出ていたでしょう」

そこで二十人の中に加えられた毛遂は、ともに楚に行って、交渉は難航《なんこう》したが、毛遂の

勇気とその弁舌で、ついに合従《がっしょう》が決定するのである。（『史記《しき》』平原君列伝《へいげんくん》）

この『嚢中の錐』もうまいが、毛遂の答もなかなか気が利《き》いている。ことに『穎脱《えいだつ》』の「穎」は穂先《ほさき》だが、その穂先全部がぬけ出て、柄《え》まであらわれる状態、したがってこの『穎脱』も「才気が外に現われること」に使われる。

これに似た『鉄中《てっちゅう》の錚々《そうそう》』という言葉がある。「錚々」とは「金属のふれ合う音」で、「鉄の中でもいくらかよい金属音を発するもの」である。これは後漢の光武帝《こうぶ》が徐宣《じょせん》を評した言葉で、

「卿《なんじ》はいわゆる鉄中の錚々、傭中《ようちゅう》の佼々《こうこう》たる者なり」（『後漢書《ごかんじょ》』劉盆子伝《りゅうぼんし》）

とある。「傭中の佼々」とは「凡庸の中の少々すぐれた者」で、そのまま『鉄中の錚々』の意味に等しい。したがって『嚢中の錐』とは「似て非」なるものである。

鶏鳴狗盗《けいめいくとう》

『鶏鳴狗盗《けいめいくとう》』とは「鶏《にわとり》の声をまねたり、狗《いぬ》のように盗みをはたらく」ということで、この

話は一応一般に知られているようでもある。あるいは百人一首にある、清少納言《せいしょうなごん》の「夜をこめて、とりの空音《そらね》ははかるとも、よに逢坂《おうさか》の関はゆるさじ」の歌に関連しているからかも知れない。

斉《せい》の孟嘗君《もうしょうくん》の食客三千と号された中には、かなりいいかげんな者もいたのではないか。これはそういう話である。

孟嘗君の盛名をきいて、秦《しん》の昭王《しょうおう》が自国の宰相に任じようと招いてみたが、斉の一族を秦の宰相にしたのでは、危険であるとの反対が出て、逆に謀略を用いてこれを殺そうとする。それを見抜いた孟嘗君は、昭王の愛妾に頼んで、釈放してもらおうとしたが、もしも狐白裘《こはくきゅう》をお贈りくだされば、という返事。狐白裘とは、狐の毛皮の皮衣だが、天下に二枚とない逸品《いっぴん》、それも秦にきたとき昭王に献上してしまってある。

すると食客の中に狗盗《くとう》にたけた者がいて、夜に乗じて宮中の蔵《くら》に忍び入り、まんまと献上した狐白裘を盗み出し、それを愛妾に贈って、そのとりなしで孟嘗君は釈放された。

孟嘗君はただちに脱出をはかり、関所手形を偽造し、姓名を変えて、函谷関《かんこくかん》までたどり着いたが、夜半のことで関所は閉まっていた。関の規律で、明け方、鶏が鳴いたら、旅人を通すことになっている。脱出を知った昭王の追手がもうじきにくるであろう。

こんどは食客の中に、鶏鳴《けいめい》のまねのうまい男がいて、闇にまぎれて見事に鳴くと、それにつられてほんものの鶏が一せいにときをつくった。ねぼけまなこで関所役人が門を開くと、偽の手形をみせて無事に脱出できたという。(『史記《しき》』孟嘗君《もうしょうくん》列伝)

考えてみるとこの話はあまりろくでもない。一人はなんのことはない、泥棒だし、一人は物真似《ものまね》のタレントにすぎない。だから『鶏鳴狗盗』といえば「君子の賤《いや》しむ行《おこ》ないをする者」にたとえられ、あまりいい意味には使われなかったが、いまは「価値観」とやらが変わって、忍者は英雄視され、物真似が上手なら舞台で十分かせげる世の中だから、『鶏鳴狗盗』は、それほどわるい意味ではなくなったかも知れない。

帰《かえ》りなん、いざ

『帰去来兮《かえりなんいざ》』と読ませている。別に故事というより、これは名句かも知れぬが、これの含む余韻《よいん》が、現今まで生きていそうに思えて、採った。

晋《しん》の陶淵明《とうえんめい》は彭沢県《ほうたくけん》の令《れい》となったが、郡《ぐん》で巡察官を派遣したので、束帯《そくたい》してお出迎えなさらねば、と属吏《ぞくり》にいわれ、

「われ五斗米《ごとべい》（県令の俸給）のために、腰を折りて、郷里の小人《しょうじん》に向かうこと能《あた》わず」と、即日印綬《いんじゅ》を解いて職を去り、『帰《き》去来《きょらい》の辞《じ》』を賦したとある。

家が貧しく、耕作しても自給することはできず、親戚などの勧《すす》めもあって、故郷に近い彭沢《ほうたく》に仕官したものの、およそ役人生活には性《しょう》が合わなかったものとみえる。わずか在官八十余日で去る。陶淵明、四十一歳のことである。

帰りなん　いざ
田園まさに蕪《ぶ》せんとす
胡《なん》ぞ帰らざる
すでに自《みずか》ら心をもって形の役《えき》となす
奚《なん》ぞ惆悵《ちゅうちょう》してひとり悲しまん
已往《いおう》の諫《いさ》められざるを悟《さと》り
来者《らいしゃ》の追うべきを知る
実《まこと》に途《みち》に迷うこと　それ未《いま》だ遠からず
今は是《ぜ》にして昨は非《ひ》なりしを覚《さと》る

（さあ、帰ろう、田園も雑草が生えて荒れてしまっているだろう。いまこそ帰るべきだ。すでに自分で自分の心を、肉体という形の使役《しえき》に使ってしまったのだから、どうしてひとり悲しみうれえることがあろうか。自分のこれまでの生きかたがわるいのだからしようがない。すでに過ぎたことは諫《いさ》めて改めることはできないと悟って、これからの将来のことは追えば追えるのだ。たしかに途はまちがったが、そう遠くはいかなかった。いまやめて帰るということが正しい生き方で、昨日まではまちがっていたと、はっきり覚《さと》ったのである。）

これは『帰去来の辞』の冒頭の部分だけであるが、人間陶淵明の面目躍如としている。貧ゆえに、家族のすすめもあって、心には染まぬが、月々何がしの金が入ればと、小役人にはなったものの、故郷の自然が、いつも彼を呼んでいた。

瓜《か》田《でん》李《り》下《か》

『瓜《か》田《でん》李《り》下《か》』とは「瓜《うり》の畑と李《すもも》の樹《き》の下」ということだが、『瓜田に履《くつ》を納《い》れず、李下に冠《かんむり》を正《ただ》さず』をつづめたもので、瓜の畑に入りこんで履をはいたり、李の樹の下で冠をなおしたりすると、瓜や李を盗んでいるとの嫌疑をかけられるから、注意すべし、ということなのである。だから『瓜田李下』というと、嫌疑のかかりやすい場所および境遇を指す。またこの『瓜田不納履』を「瓜田に履を納れず」と読むのは誤りで、「瓜田に履に納れず」と読んで、履をはきかえるな、の意、つまり履をはきかえるとかがむから、瓜を盗むのとまちがえられるからだそうだ。由来漢学者とは大へんこまかいものだが、そうまでして語呂《ごろ》をわるくしなくてもいいのではないか。履を納れず、だって「足をふみ入れた」とはならないから、十分「穿きかえる」意味はでてこよう。

余談はともかくこのたとえは、以前「君子」を尊んだころは、日本でもよく使われたようだが、嫌疑なんか恐がらない現在ではあまり用いられなくなった。

これは斉《せい》の威王《いおう》の寵姫《ちょうき》で、虞姫《ぐき》の話である。項羽《こうう》の寵姫の虞姫とはちがう。この虞姫が、佞臣《ねいしん》の周破胡《しゅうはこ》の悪事をあばいて王をいさめたが、逆に囚《とら》われの身になったとき、こういったという。

「瓜田を経て履を納れず、李下を過ぎて冠を整《ととの》えざるに、妾《しょう》これを避けざりしは、罪の一《いっ》なり」(『列女伝《れつじょでん》』)

君子は未然に防ぎ
嫌疑《けんぎ》の間《かん》に処《お》らず
瓜田に履を納れず

李下に冠を正さず（『古楽府《こがふ》』君子行《くんしこう》）

こうしてみてくるとこれは『君子危きに近寄らず』とはちがうことがよくわかる。この言葉はべつにそのままの出典はない。強いていえば、『孟子《もうし》』（尽心《じんしん》上篇）の「安心立命《あんしんりつめい》」の境地である。

是《こ》の故に命《めい》を知る者は、巌牆《がんしょう》の下には立たず。其の道を尽くして死する者は正命《せいめい》なり。桎梏《しっこく》して死する者は正命に非《あら》ざるなり。

よく天命を知る者は、わざわざ巌牆の下に立って、危険を犯すことはない。尽くすべき道を十分尽くして死ぬのは正命だが、罪を犯して桎梏《しっこく》（手かせ足かせ）の刑で死ぬようなのは正命ではない、という。でも、仁のためには、巌牆の下に立って危険を犯すこともありうる。ただ君子は、いたずらに危きには近寄らないのだ。

しかしこの言葉は調法だとみえて、「君子危きに近寄らずさ」とうそぶいて、面倒なことは避けて通る。だが『瓜田に履を納れ』たって『李下に冠を正し』たってかまわぬ。嫌疑なんて晴れるもんだ。何十年かかろうが「最高裁《さいこうさい》があるんだ！」

愚《ぐ》公《こう》山《やま》を移《うつ》す

『愚《ぐ》公《こう》山を移す』とは、新中国に関心があると、毛沢東《もうたくとう》の創作かと思うかも知れぬが、そうではない。毛沢東にもたしかに同名の論文があって、帝国主義と封建主義を二つの山に見立て、中国共産党と人民大衆が力を合わせてこの二つの山を掘りつづければ、平らにできないことはない、と指摘したが、それは旧《ふる》く『列子《れっし》』にある寓話にもとづいているのである。

太行《たいこう》山、王屋《おうおく》山は山西《さんせい》省にあって、四方七百里、高さ六万尺。

北山《ほくざん》の愚《ぐ》公という人があり、もう九十歳に近く、この二つの山に面して住んでいたが、山の北側の険しいため、出入の道に難儀《なんぎ》していた。そこで家中の者を集めていうには、

「わしはおまえたちと力をあわせて土地を平らにし、河南省の南へ道をつけ、漢水の南側まで通じさせようと思うが、どうだろう」

みんな賛成したが、その奥さんだけが疑った。

「あなたの力では小さな丘を切り崩すこともできますまい。ましてや太行、王屋の大山がどうなるものですか。それに切り崩した土や石をどこへおくおつもりですか」

しかし愚公は一族の子孫をひきつれて、箕《み》や畚《もっこ》でその土石を、渤海《ぼっかい》の端まで運ぶのだった。

愚公の隣家の京城《けいじょう》氏の未亡人に、七、八歳になる子供がいて、よろこんでこの仕事を手伝い、一年経ってやっと渤海まで一往復して帰るというありさま。そこで黄河のほとりに住む智叟《ちそう》という老人が笑って忠告した。

「なんとあんたは考えがなさすぎる。老人の身に残された微力では、山に生えている草一本だってとり除けまい。土石に至ってはなおさらのことだ」

北山の愚公は長歎息《たんそく》して答えた。

「おまえさんのような浅はかな心にはわかるまい。隣の未亡人の家の子供にもおよばない。たとえわしが死んでも、子供が残っている。子供はさらに孫を生み、孫がまた子供を生もう。その子はまたさらに子供をもとうし、その子はまた孫をもとう。こうして子から子へ、孫から孫へと、つきることはあるまい。しかし、山というものは別に高くなってくるものではない。してみれば、平らにできないわけはないではないか」

智叟は二の句がつげなかったが、これをきいて驚いたのは山の神様、愚公が山を崩してやめないので、このことを天帝に告げた。すると天帝は愚公の誠意に感心し、夸蛾《かが》氏の二人の息子に命じて、太行、王屋の二山を背負わせ、一つは朔北《さくほく》の東に、一つは雍州《ようしゅう》の南に置かせたので、それ以後、冀州《きしゅう》の南から漢水の南には、小高い丘さえもなくなったという。

（『列子』湯問篇《とうもん》）

これより『愚公山を移す』といえば「怠らず勉強すれば必ず成就《じょうじゅ》する」たとえに用いられる。

脣《くちびる》亡《ほろ》びて歯《は》寒《さむ》し

『脣《くちびる》亡びて歯《は》寒し』とはなんとなく寒々とした言葉である。しかしよく考えてみると、実際に肉体的にはこんなことはありえない。「歯茎《はぐき》亡びて歯脆《もろ》し」とかいえば事実だろうが、歯が寒さを感じるほど、唇が落ちこむことはちょっとあり得まい。これは唇と歯とはたがいにこれを保護するものだから、もし唇がなくなったら、歯はどんなに寒いことだろう、というたとえなのである。

これは実は『輔《ほ》車《しゃ》相《あい》依《よ》る』と一対をなすのである。この言葉の方はちょっと難解な故に、捨てられてしまったのではないかと思う。「輔車」は「車と、車の副木《そえぎ》」または「積荷の落ちないように車の両側につける板のこと」あるいはまた「輔は頰骨、車は牙、輔は上頷《うわあご》、車は歯牙の下骨で、頰骨と下骨とがたがいに助け合うこと」などと諸説があって、ややこしい。

晋《しん》の献公《けんこう》が、虢《かく》を伐とうとした。それには虞《ぐ》を通らねばならぬ。以前にも通したことがあったので、虞公《ぐこう》は晋の軍を通そうかと思ったが、賢臣の宮之奇《きゅうしき》がこれをいさめていった。「虞は虢の影でございます。虢がもし滅びれば、虞もかならずあとを追って滅びるでしょう。晋の手引きをしてはなりませぬ。諺《ことわざ》にも申しておる、『輔車相依り、脣亡びて歯寒し』とは、虞と虢の間のことです」（『左伝《さでん》』僖公《きこう》五年）

呉《ご》が邾《しゅ》のために魯《ろ》を伐とうとし、魯についての知識をえたいと、子泄《しせつ》にたずねたとき、子泄はこう答えたという。

「魯には力をあわせて国を興《おこ》そうとする者はありませんが、国のために死のうという者は必ずございます。また諸侯もこれを救おうとするでしょうから、思い通りになさることはむずかしいでしょう。晋《しん》が、斉《せい》、楚《そ》とともに魯を助けたら、呉は四つの敵を向こうにまわすことになります。魯というのは、斉、晋の脣《くちびる》に当たります。『脣が亡びると歯が寒い』という言葉はご存じでしょう。きっと助けずにはおきますまい」（『左伝』哀公《あいこう》八年）

これらで解るように、それ以前から使われていた諺《ことわざ》のたぐいなのであろう。そしていずれも戦国の小国どもが、なんとか生きのびようと必死になって、「もちつもたれつ」というはかない望みに托して動きまわる哀れさがにじみ出る。

『脣亡びて歯寒し』、淋《さび》しいが味がありそうに思える言葉だが、むかしの使われ方をみると、いっそ悪寒《おかん》を覚《おぼ》える。

陽関三畳《ようかんさんじょう》

『陽関三畳《ようかんさんじょう》』とは「別離の曲」である。『折柳』の「別れの歌」よりも、かつて日本でも有名だったようである。これをくちずさむことで、漢学者の箔《はく》がついたようでもある。

「陽関」とは関の名で、いま甘粛省《かんしゅくしょう》敦煌《とんこう》の西南、むかしから玉門関《ぎょくもんかん》とともに、長城《ちょうじょう》の外へ出るのに必ず通らねばならぬ関所であった。

「三畳」とはもともと「三回くりかえすこと」だが、必ずしも三回でなくとも「反復すること」を意味する。

つまり『陽関三畳』とは「陽関の曲を反復して吟《ぎん》ずること」なのである。

「陽関の曲」とは「渭城《いじょう》の曲」の別名、転じて「送別の詩」をいう、とある。その本《もと》は、唐の王維《おうい》の「元二《げんじ》（元家《げんけ》の二男《じなん》）の安西《あんせい》（現在の新疆《しんきょう》ウイグル自治区トルファンの近所、ここに辺境警備の役所があった）に使《つかい》するを送る」と題する詩、古来送別の情をうつして絶佳《ぜっか》と称せられたものである。

渭城《いじょう》の朝雨《ちょうう》　軽塵《けいじん》を浥《うるお》し
客舎《きゃくしゃ》青青《せいせい》　柳色《りゅうしょく》新《あら》たなり
君に勧《すす》む　更に尽くせ一杯の酒
西のかた陽関を出《い》ずれば　故人《こじん》無からん

（長安《ちょうあん》の都の北郊《ほっこう》、渭水《いすい》を渡ったあたり、
朝の雨に、土《つち》もしっとり濡れている。
旅人宿《はたご》の前の枝垂柳《しだれやなぎ》がまっ青《さお》に洗われて、目にすがすがしい。
さあ、もう一杯飲みたまえよ。
これから西へ旅して、陽関を出たら、
こうして飲み合える友人もなかろうて）

ここで「柳」を出したのも『折柳』つまり「送別」の意味を含めている（『折柳』の項参照）。古来中国でも送別の宴席で必ずこの曲が歌《うた》われたという。前述したように『三畳』

の仕方に諸説あって、第二句以下を三唱したとか、各句を二度ずつくりかえしたとか、第四句だけを反復して唱ったとかいわれるが、日本でも大体昭和のはじめごろまではこうした文人趣味がまだ残っていたようで、「無からん、無からん、故人無からん」と、第四句の最後のところを反復していたのを聞いた記憶が、おぼろげにある。

とまれ王維のこの詩は、自然の景観をその色調まで見事にとらえていて、読み下《くだ》しても非常に調子がいい。暗誦して然《しか》るべきものと思う。

伯《はく》楽《らく》

『伯楽《はくらく》』というといまはさほど馴染《なじみ》がないようであるが、日本では『博労《ばくろう》』『伯労《ばくろう》』または『馬喰《ばくろう》』と書けば思いあたるであろう。「名馬の鑑定人《かんていにん》、または馬を売買する者、あるいは馬医《ばい》」をいう。これは『伯楽』から転化したものである。

『伯楽』とはもと、天馬をつかさどるという星の名であったが、春秋《しゅんじゅう》時代の孫陽《そんよう》という人が、馬の鑑定がうまかったので、星の名をとって『伯楽』と呼ばれたことから、後世馬の目利《めき》きを『伯楽』と称するようになった。

馬は蹄《ひづめ》があるので、霜や雪が踏めるし、毛があるので、風や寒さが防げる。草を食べ、水を飲み、足をあげて跳《は》ねまわる。これが馬の本性である。大きく立派な部屋に入れられても、なんということはない。伯楽がくると「わたしがいい馬にしてみせる」とばかり、馬の毛を焼いたり、剃《そ》ったり、蹄を削ったり、焼きごてをあてたりしたうえ、綱でつなぎ、足をしばり、廐《うまや》にとじこめ、木柵《ぼくさく》をほどこす。これでは馬の二、三割は死んでしまう。またこれを飢《う》えさせ、渇《かわ》かせて、やたらと駆《か》けさせ、動作を整《ととの》える。やれくつわだのむながいだのをつけられ、おまけに鞭《むち》でたたかれる。これでは馬は過半数《かはんすう》死ぬであろう。（『荘子《そうじ》』馬蹄《ばてい》）

ここでは『伯楽』はわるくいわれているが、馬の飼育《しいく》にたとえ、人も自然の道にしたがっていればよいので、なまじ仁義だ礼楽《れいがく》だと規制するから結果がよくない、という、儒家《じゅか》思想批判の、荘子の皮肉に使われているのだ。だから『伯楽』自体の価値は逆転しているともいえよう。

説客《ぜいかく》の蘇代《そだい》が、燕《えん》のために斉《せい》に説こう、と考えたが、斉王に会う前にまず、斉の説客である淳于髠《じゅんうこん》に向かってこういった。

「駿馬《しゅんめ》を売りたいと思う者がいましたが、三日間も、朝、市《いち》に立っていても目にとめてくれるものがありません。そこで『伯楽』に会いにゆき、いかがでしょう、わたしの馬のまわりをぐるっと歩いていただき、立ち去りながら、またふり返っていただけないでしょうか。お礼はさし上げたいと思いますので、とたのむと、その通りにしてくれました。するとー朝にして、馬の値段が十倍にはね上がったそうです。さて、わたしは、駿馬として斉王にお目にかかりたいのですが、あなたがわたしの『伯楽』になってくださらぬものでしょうか。お礼には白璧《はくへき》一対、黄金千鎰《せんいつ》（鎰は古代の重さの単位）さし上げたいと思いますが」

淳于髡はこれを引きうけ、蘇代は参内して斉王との会見に成功したという。（『戦国策《せんごくさく》』燕《えん》策）

これが『伯楽一顧《はくらくいっこ》』といわれる話だが、時代はさがって唐の韓愈《かんゆ》に、『伯楽』を扱った名文がある。

世に『伯楽』ありて、然《しか》る後に千里の馬あり。千里の馬は常にあれども、『伯楽』は常にはあらず。故に名馬ありといえども、ただに奴隷人《どれいじん》の手に辱《はずかし》められ、槽櫪《そうれき》（まぐさ桶）の間《かん》に駢死《べんし》（頭をならべて死ぬ）し、千里をもって称せられざるなり。馬の千里なる者は、一食にあるいは粟一石《ぞくいっこく》を尽くす。馬を食《やしな》う者は、そのよく千里なるを知りて食《やしな》わざるなり。この馬や、千里の能ありといえども、食飽《あ》かず、力足《た》らずんば、才の美、外に見《あらわ》れず。かつ常馬と等しからんと欲するも、得《う》べからず。いずくんぞその能《よ》く千里なるを求めんや。これを策《むち》つに、その道をもってせず、これを食《やしな》うに、その材《ざい》を尽くす能《あた》わず、これに鳴くも、その意に通ずる能わず。策《むち》を執《と》りてこれに臨《のぞ》んで曰《いわ》く、天下に良馬なし、と。ああ、それ真《まこと》に馬なきか、それ真に馬を識らざるか。（韓愈《かんゆ》『雑《ざっ》説《せつ》』下）

これまた当然寓意を含んでいて、『伯楽』は「君主」、「名馬」は「民間の人材」というのであろうが、ここでは『伯楽』なるものの価値は大いに上がっている。

自分は「千里の名馬」かも知れない。その素質を認めてくれるかくれないかは、上役《うわやく》の判断にある。そうなるとこの文章も現代に生きてくるが、馬はとかく血統ばかり重んじて、やれサラブレッドだ、アラブだと、近ごろはことにうるさい。人間の素質とは、自分で自分の中に養うものであろう。

曲学阿世《きょくがくあせい》

『曲学阿世《きょくがくあせい》』とは「学問を曲げて、世に阿《おもね》ること」である。学問というもの、時世《じせい》につながらずに重箱《じゅうばこ》の隅ばかりほじくるのも困りものだし、かといって時代の嗜好《しこう》にばかり迎合していたら、御用学者になりさがる。考えてみるとむずかしいものではある。

漢の轅固《えんこ》が景帝《けい》の前で、黄生《こうせい》と論争したことがあった。

「殷《いん》の湯《とう》王、周《しゅう》の武《ぶ》王は天命をうけたわけではない。その君を弑《しい》したのです」

すると轅固は反対した。

「そうではない。夏《か》の桀《けつ》王や殷の紂《ちゅう》王が暴虐《ぼうぎゃく》の君主であったから、天下の人心がみな湯王、武王に帰属したのだ。湯王、武王は天下の人心にくみして桀王、紂王を伐《う》って、やむをえず位についた。つまり天命をうけたのです」

「いや、冠《かんむり》はやぶれてぼろぼろになっても、必ず頭にかぶるもの、履《くつ》は新しくても、必ず足に穿《は》く。それは上下の分がはっきりしているからだ。桀王、紂王が政道を失ったとしても、君主だ。湯王、武王が聖人だといっても、臣下だ。君主にまちがいがあった場合は、臣下たるもの諫言《かんげん》して過《あやま》ちを改めさせるもの、それをかえってその過ちを理由に、これを殺し、みずから代わって位につく、これは非道《ひどう》だ」

「あなたのいうようだと、漢の高祖《こうそ》が秦《しん》に代わって位についたのも、非道なのか」

この論争は景帝によって中止させられたが、両者ともなかなか談論風発《ふうはつ》といえよう。

景帝の母の竇《とう》太后は『老子《ろうし》』の書を愛読していたが、あるとき轅固を召してたずねた。

「そなた、『老子』をどう思うかね」

「これは家僕や奴隷の言説で、とるに足りません」

暴言に腹を立てた竇太后は、轅固を檻《おり》に入れて、豚を殺してみろと命じた。学者に力などないからである。しかし轅固の廉直《れんちょく》をよく知っていた景帝は、轅固にそっと鋭い刃物をわたしてやり、見事に一刺しで大豚をしとめた。

その後、轅固は清河《せいか》王の太傅《たいふ》に任命されたが、病気で野《や》に下《くだ》った。

武帝が即位して、賢良の士を集めた。轅固もふたたび召し出されたが、阿諛《あゆ》することを好む学者たちが、轅固を蔑視《べっし》して、いろいろと悪口をいった。そのときいっしょに召し出された公孫弘《こうそんこう》に向かって、轅固はこういったという。

「公孫子《こうそんし》よ、正しい学問に務《つと》めて、正しい言葉を吐きなさい。学問を曲げて、世に阿《おもね》ってはいけない」

ときに轅固は九十余歳であった。(『史記』儒林《じゅりん》列伝)

現世ではこのような気骨《きこつ》は尊ばれなくなっているから、『曲学阿世』は稀《まれ》に使われても、罵語としてしか通用しないようだ。新語でも造るなら『拡学利世《かくがくりせい》』か。

蝸牛角上《かぎゅうかくじょう》の争《あらそ》い

『蝸牛角上《かぎゅうかくじょう》の争い』とは「とるに足らぬつまらぬ争い」という意味だが、「蝸牛」は「かたつむり」だからといって、かたつむりの触角《しょっかく》が動くみたいな、スローテンポの争いなんかではない。これも『荘子《そうじ》』の寓話に出て、わりと気の利《き》いた物語である。

魏《ぎ》の恵王《けいおう》が斉《せい》の威《い》王と盟約を結んだが、威王がその約にそむいたので、恵王が刺客《しかく》を放ってこれを殺そうとした。

公孫衍《こうそんえん》がそれを耳にして忠言した。

「万乗《ばんじょう》の君主が匹夫《ひっぷ》をつかわして讐《あだ》をうつとはもってのほか、私が二十万の兵をいただいて、斉を攻略いたしましょう」

季子《きし》がそれをきいて恥ずべき行為だといった。

「いま七年も戦争がなかったのに、兵を起こそうなどとは、公孫衍は乱人《らんじん》です。そんな言葉をおききになってはいけません」

すると華子《かし》がこういった。

「斉を伐つという者も乱人だし、伐つなという者も乱人です。またこの二人を乱人だと論ずる者も乱人でしょう」

「それならどうしたらよいのか」

と恵王がたずねると、

「道を求めるだけです」

との答え。

そこで宰相の恵子《けいし》が賢者《けんじゃ》といわれる戴晋人《たいしんじん》を恵王に目通りさせた。戴晋人はさっそく恵王に向かって、こういう話をした。

「蝸牛《かたつむり》というものがおりますが、ご存じでしょうか」

「知っている」

「蝸牛の左の触角《しょっかく》に触《しょく》という国があり、右の触角に蛮《ばん》という国があって、この両国が領地を争って戦い、死屍《しし》数万、逃げるのを追って十五日もかかって引返してきました」

「でたらめな話を申すな」

「それではこの話を、実際にあてはめてお話しましょう。王は、四方上下《しほうじょうげ》のひろがりは際限があると思し召すか」

「際限はなかろう」

「では、心をこの無窮の世界に遊ばせることを知り、たちかえってこの有限の国土というものを考えたならば、あるかないかの極《ご》く瑣細《ささい》なものではありませんか」

「その通り」

「さて、その有限の地上に魏という国があり、その魏の中に梁《りょう》という都があり、その梁の都の中に王がおられるわけ。このように考えたら、王と、その蝸牛角上の蛮《ばん》と、区別がありましょうや」

「なるほど、区別はないね」（『荘子《そうじ》』則陽《そくよう》）

宇宙の無限から見れば、人事《じんじ》のいかに卑小《ひしょう》であるかを述べて、巧妙である。荘子一流の、永遠の自然に没入することによって、永遠の生命を保《たも》とうとする考え方にはちがいないが、目先の一小事にくよくよする、人の世の浅墓《あさはか》さは反省させられよう。

唐の白楽天《はくらくてん》が、いみじくも詠《うた》っている。

酒に対す
蝸牛角上《かぎゅうかくじょう》　何事をか争う
石火光中《せっかこうちゅう》に　この身を寄す
富《と》みに随《したが》い　貧しきに随いて　且《しば》らく歓楽せよ
口を開きて笑わざるは　是れ癡人《ちじん》

（蝸牛の触角の上のような小さな世界で、いったい何を争うのか。石と石を打ち合わして出る火のような短い時間の中に、この身を寄せているだけなのに。富めば富んだで、貧しければ貧しいなりに、まずは人生をたのしんで暮らすことだ。口を大きく開けて笑わぬやつは阿呆だ）

明鏡止水《めいきょうしすい》

『明鏡止水《めいきょうしすい》』とは「明らかに磨《みが》いた鏡と静止した水」ということから「心の本体が虚明《きょめい》なるかたち」と解かれる。

魯《ろ》の国に、罪を得て片足を切られた王駘《おうたい》という人物があって、その門下に学ぶ者が、孔子の門弟《もんてい》に匹敵するくらい多かった。そこで常季《じょうき》が、孔子にたずねた。

「王駘は一本足なのに、門弟の数は先生の門人と、魯の人口を二分するほどです。いったいどういう男なのでしょう」

「あのご仁《じん》は聖人じゃ、わしもいって教えを請《こ》いたいほどじゃから、わしにおよばない人間が集まるのは当然のこと」

「あの人は知力を働かせて身を修め、心の働きによって、常に変わらぬ心をもっている。それだけなのに、みんなどうしてあの人のところへ集まるのでしょう」

「人は流れる水を鏡にはせず、静止した水を鏡とするものじゃ。それと同じにあのご仁《じん》の心が正しく静まっているので、ほかの人の心も正しく静まらせるのじゃ」（『荘子《そうじ》』徳充符《とくじゅうふ》篇）

申徒嘉《しんとか》も一本足だったが、鄭《てい》の大夫《たいふ》の子産《しさん》と同じく、伯昏無人《はくこんむじん》先生の門下であった。子産が申徒嘉にいった。

「わしが先に出るときは、きみが止まってくれ。きみが先に出たら、わしが止まるからな」

翌日も同席したが、帰るときに子産は同じことをいい、そのあとで、

「きみは大臣たるわしを見ても避けようともしない。きみは大臣と同じなのかね」

とつけ加えた。そこで申徒嘉が答えた。

「伯昏無人先生のところに、そんな大臣などいるのでしょうか。あなたは自分が大臣であることを鼻にかけて、人を軽蔑《けいべつ》なさる。こんな話がありますよ『鏡が明らかなのは、塵《ちり》などとどめないからで、塵がつけばくもってしまう』と。それと同じように、しばらく賢者とともにおれば、くもりがとれてしまうもの。いまあなたが重んずべきは先生の道ですの

に、そんなことをおっしゃるのは、誤りではありませんか」(『荘子』徳充符篇)

徳を十分身につけた人というものは、心を用いる場合、鏡に似ている。送らず、迎えず、物に応じてそのものを映し、かくしたりはしない。それゆえ自分もそれによって傷ついたりしないのである。(『荘子』応帝王篇《おうていおう》)

理屈はいろいろあろうが、まあいい、よく磨いた鏡に塵一つとどめぬのは、気持ちのいいものだし、静止して澄明《ちょうめい》な水があるとすれば(汚染の甚だしい現在ちょっと無理だが)、美人ならずとも、水鏡に映したくなろう。

『明鏡止水』の境地、たとえ片時《かたとき》でもそこへ達したいものだ。

友情篇

水魚《すいぎょ》の交《まじわり》

『水魚《すいぎょ》の交《まじわり》』あるいは『魚水《ぎょすい》の親《しん》』というと、「魚と水との関係のように親密な交際」ということはもう常識であろう。しかしこれは三国《さんごく》時代に出処《しゅっしょ》があるので、もとはやはり「君臣の間の親密な関係」をいうのである。

諸葛亮《しょかつりょう》、字《あざな》は孔明《こうめい》、山東《さんとう》人である。亮は早く父を亡くし、叔父の諸葛玄《しょかつげん》につれられて転々とする。

一八〇センチを超える大男で、いつも自分を、斉《せい》の名宰相とうたわれた管仲《かんちゅう》や、燕《えん》の名将楽毅《がくき》になぞらえて、法螺《ほら》吹きだと世間の人に笑われていたらしい。このへんの記録はどうも、わが土井晩翠《つちいばんすい》の名調子「星落秋風五丈原《せいらくしゅうふうごじょうげん》」のイメージと少々ちがうようだが、若くして荊州《けいしゅう》（湖南《こなん》省）にいたころ、学問をしても他の連中のように、精密な穿鑿《せんさく》よりも、はやく大要を知ることに努力したというから、狙《ねら》い所がちがったわけで、やはり一《ひと》かどの自信を身につけていたのであろう。

だから彼と親しかった徐庶《じよしよ》は、はやくからその才能を買っていたのである。

劉備《りゆうび》が河南《かなん》省の新野《しんや》に駐屯していたとき、徐庶は劉備に目通《めどお》りがかなった。劉備は徐庶をなかなかの人物と見たが、その徐庶がこう推薦《すいせん》した。

「友人の諸葛孔明《しよかつこうめい》は、眠れる竜でございます。お会いになるお気持ちはございませんか」

「よし、では連れてきなさい」

「彼には、こちらから会いにゆくことはできましょうが、呼び寄せることはかないませぬ。ぜひ、お出向きを願います」

ここでいわゆる『三顧《さんこ》の礼《れい》』（常用成語篇『髀肉《ひにく》の歎《たん》』参照）になるのだが、このところ少々話ができすぎの感はある。しかし劉備が前後三回訪ねてようやく会えて、漢朝《かんちよう》の傾いた当時の、劉備のとるべき処世方法についてたずねたときの、諸葛亮の答えはさすがに周到《しゆうとう》である。

「董卓《とうたく》（霊《れい》帝が崩ずるや、兵をひきいて入朝し、少《しよう》帝を廃し、献《けん》帝を立て、何《か》太后を弑《しい》するなど、凶暴《きようぼう》をつくして、ついに自分も殺された）以来、豪傑が蜂起《ほうき》し、各地を占拠《せんきよ》するもの、その数を知りませぬ。曹操《そうそう》は袁紹《えんしよう》（董卓の軍を入朝させた張本人《ちようほんにん》、のち朝廷から出奔して、河北に拠《よ》る）ほどに名も知られず、その人数も少のうございますが、曹操は必ず袁紹に勝ちましょう。弱者が強者に勝つのは、天の時だけに依《よ》るのでなく、謀略にも依ります。曹操はもう百万の人数を抱え、天子を奉じて諸侯に号令しています。まともに戦える相手ではございません。

孫権《そんけん》は江東《こうとう》（揚子江《ようすこう》下流南岸）の地を手に収め、すでに三代を経ました。要害堅固の地で、人民はよく懐《なつ》き、すぐれた臣下をもっています。これは味方にすべきもの、伐《う》とうなどと考えてはなりません。

荊州《けいしゅう》（湖南省）というところは、北に漢水《かんすい》、沔水《べんすい》の隔《へだ》てがあり、南は海にさえぎられ、東は江蘇《こうそ》の呉県《ごけん》へ通じ、西は巴蜀《はしょく》（四川《しせん》省）に通じております。ここは戦略に恰好《かっこう》な国ですが、いまの劉表《りゅうひょう》（荊州の長官）では守りきれませぬ。これはまるで天が、閣下《かっか》に施してくれたようなものでございます。

益州《えきしゅう》（四川省広漢《こうかん》県）は、四方を山に囲まれ、肥沃《ひよく》な平地が千里四方にひろがっております。天の与えた米倉とでも称すべき土地です。漢の高祖《こうそ》は、この地に拠って覇業《はぎょう》をなしとげました。しかるに劉璋《りゅうしょう》（益州の長官）は暗愚で力なく、人数は多く、国は富みながら、人民をいたわることをせず、みな賢明な君主を待ち望んでおります。閣下はもと漢《かん》の子孫であるばかりでなく、信義《しんぎ》は天下に聞こえております。

もし閣下が荊州、益州を併せもち、その天険を楯とし、西は戎《えびす》と和睦し、南は越《えつ》人をなつけ、外には孫権とよしみを通じ、内に政治をととのえ、もし天下に異変あらば、上将軍に命じて、荊州の軍をひきい、宛《えん》（河南省南陽県）、洛《らく》（洛陽）に向かわせ、閣下は益州の軍をひきいて、秦川《しんせん》（陝西《せんせい》、甘粛《かんしゅく》）に討って出るというようにしたならば、すべての民は閣下を歓迎することでありましょう。こうなれば覇業もなりましょうし、漢朝も再興できましょう」

この進言をよろこんだ劉備は、全幅の信頼を亮によせ、情好《じょうこう》日々に密になったという。前々からの近臣である関羽《かんう》、張飛《ちょうひ》らはこれを喜ばず、文句をいったので、劉備はそれをなだめて、こういったという。

「わしに孔明《こうめい》がいるということは、魚に水のあるようなものじゃ。ふたたび文句をいわんでほしい」（『三国志《さんごくし》』諸葛亮伝《しょかつりょうでん》）。

『水魚の交』にはもう一つ「夫婦の睦《むつま》じいこと」をいう場合がある。『管子《かんし》』に出てくる話だが、斉《せい》の桓《かん》公が、宰相の管仲《かんちゅう》に甯戚《ねいせき》を求めさせたところ、甯戚が「浩々《こうこう》たるかな、育々《いくいく》たるかな」といった言葉を解けず、悶々《もんもん》として考えこんでいた。管仲の妾《めかけ》が心配してたずねたので、わけを話すと、その妾が「浩々たり、とは水の流れ、育々たり、は魚の喜ぶさま、これは古い「白水の詩」にございますから配偶者をおもとめなのでございましょう」と答えたという。

しかしこれは同様の話が『列女伝《れつじょでん》』にもあって、やや詳しいが、これでは甯戚がこの古詩を歌って、仕官をほのめかしたことになっていて、夫婦の関係とはとれない。

どだい甯戚という人物は、衛《えい》の人で、家が貧しく、人に傭《やと》われて糊口《ここう》をしのいでいた。

斉《せい》にいって、牛角《ぎゅうかく》をたたいて歌っているのを、桓《かん》公が奇異に感じ、管仲に迎えさせたが、たちまち頭角をあらわして、大臣にまで出世したという。

ただその歌ったという「白水の詩」なるものが、実はいまはもう伝わらぬ詩であって、『列女伝』には、

「浩々《こうこう》たる白水
儵々《しゅくしゅく》たる魚
君来《きた》りて我を召せば
我まさに安居せんとす」

とあって、これは仕官を欲し、君臣の親しみに通じるが、『管子』では、

「浩々たるは水
育々たるは魚
いまだ室家《しっか》あらず
我を召して安居せしめよ」

と出て、夫婦愛の方にも結びつきそうだが、あるいはもとは長い詩で、両方の願望があったのかも知れない。

管鮑《かんぽう》の交《まじわり》

『管鮑《かんぽう》の交《まじわり》』とは、その名の通り「管仲《かんちゅう》と鮑叔牙《ほうしゅくが》との交友関係」で「無二《むに》の親友」ということになる。

斉《せい》の管仲は若いころから、いつも鮑叔牙と親しくつき合っていたが、のちに管仲は、斉の僖《き》公の子、公子糾《きゅう》に事《つか》え、鮑叔牙は、その弟の、公子小白《しょうはく》に事えた。ところが、斉の一族には王の寵愛《ちょうあい》する者が多くて、乱の起こりそうな気配を察し、管仲は召忽《しょうこつ》とともに、公子糾を奉じて魯《ろ》に逃げ、鮑叔牙は公子小白を奉じて莒《きょ》（山東省にあった小国）へ走った。やがて公孫無知《むち》が反乱を起こし、襄《じょう》公を弑《しい》したが、結局彼も国民のために殺されてしまう。斉に君なし、ということになって、この二人の公子は、斉にもどって君主になろうとして争うことになる。したがって管仲と鮑叔牙も敵味方にならざるをえなかった。

結局この競争は小白に軍配が上がり、位につく。これが春秋五覇《しゅんじゅうごは》の一人としてほまれ高い、斉の桓《かん》公《こう》である。公子糾は殺され、召忽は自殺、管仲は囚《とら》われの身となった。

鮑叔牙は桓公に説いた。

「管仲の才能は、国を治めるのに十分です」
「あれはわしの仇《かたき》じゃ。戦争の折、彼の矢がわしを殺しかけた。殺してしまいたい」
「賢い君主は、私怨《しえん》をもたぬ、と申します。自分の主人のために尽くした人物なら、他人のためにも必ず尽くすことでしょう。もしあなたが覇者として立とうというお考えなら、管仲の助力が必要です」

英明な桓公はもちろんその進言を容れて、管仲を許した。鮑叔牙は許されてもどった管仲の縄を解き、桓公はこれを仲父《ちゅうほ》と呼んで尊敬した。管仲は見事にその政治的手腕を発揮して、桓公は覇者となりえたのである。

管仲はかつて歎《たん》じて、こういったという。

「わたしは若くて貧乏だったとき、鮑叔牙といっしょに商売をしたことがあったが、金を分けるとき、自分の方がたくさんとったけれど、鮑叔牙はけっしてわたしを欲張りだとはいわなかった。わたしの貧しいことをよく知っていたからである。

わたしはあるとき、鮑叔牙のために、事業を計画してやったことがあった。それが失敗して大へん困ったことがあったが、鮑叔牙はわたしをバカだとはいわなかった。時に利と不利とがあることを知っていたからである。

わたしはかつて三度仕えて、三度ともその君主に追い出されたことがあるが、鮑叔牙はわたしを無能だとはいわなかった。わたしにまだ運が向いていないのを知っていたからである。

わたしはかつて三度戦い、三度とも負けて逃げたが、鮑叔牙はわたしを卑怯者とはいわなかった。わたしに年老いた母があることを知っていたからである。

公子糾は敗れ、召忽は自殺し、わたしは囚われて辱《はずかし》めをうけた。でも鮑叔牙はわたしを恥知らずとはいわなかった。わたしが小さなことには恥を感ぜず、天下に名の現われないことを恥とする男だと知っていたからである。こうしてみると、わたしを生んでくれたのは父母だが、わたしを本当に知っているのは、鮑叔牙である」（『列子《れっし》』力命篇《りきめい》、『史記』管《かん》・晏《あん》列伝）

こう見てくると、管鮑の親交とは、単なる親密なつき合いというよりも、理解者であった。管仲が十分にその腕を振るえて、斉国の名宰相となりえたのは、いやそれよりも、『管子《かんし》』という名著が、たとえ管仲自身の自撰《じせん》がその一部にすぎないともいわれようが、ともかく管仲の名を今日に残したのは、鮑叔牙のおかげである。こうした交友関係はなかなか、今日《こんにち》お目にかかれないどころか、すでに唐《とう》の時代にも、杜甫《とほ》の詠《よ》んでいるように、めずらしかったらしい。

手を翻《ひるが》えせば雲となり　手を覆《くつが》えせば雨
紛々《ふんぷん》たる軽薄《けいはく》　何ぞ数うるを須《もち》いん

君見ずや　管鮑貧時《かんぽうひんじ》の交《まじ》わり
此の道　今人《こんじん》棄《す》てて土の如し

（掌《てのひら》をちょっと上に向けたり下に向けたりで変わるように、いまの世の人情などすぐに変わってしまう。数え立てるにおよばぬほど、世間には、軽薄なやからがうようよいる。むかしの管仲と鮑叔牙の交《まじ》わりを見てみろよ。こんな交友関係などは、いまの人たちは土くれのように棄てて、かえりみもしない）（杜甫《とほ》『貧交行《ひんこうこう》』）

刎頸《ふんけい》の交《まじわり》

『刎頸《ふんけい》の交《まじわり》』とは「生死を斉《ひと》しくし、頸《くび》を刎《は》ねられても悔いない親交」であるという。

「刎」は「断」であるが、今はあまりお目にかからぬ難字であるし、さほど使われなくなっているようだ。少々殺伐な感じもあって、こんな交わりは、やくざとでもつき合っているかと疑われそうだが、この故事は武骨ながら、案外きっぷのいい話である。

趙《ちょう》の恵文《けいぶん》王のとき、和氏《かし》の璧《たま》を無事に秦《しん》からもち帰って（常用成語篇『完璧』参照）、藺《りん》相如《しょうじょ》は上大夫《じょうたいふ》に任ぜられた。その後、秦は趙を伐《う》って石城《せきじょう》（河南《かなん》省）を抜き、その翌年また趙を攻めて、二万人を殺した。そのあとで、河南省澠池《べんち》での会合が行なわれたのである。はじめ趙の恵文王は、秦を恐れて行くことをしぶったが、廉頗《れんぱ》将軍と藺相如にすすめられて出席、藺相如がお供をした。酒宴たけなわになったとき、秦王がいった。

「寡人《かじん》（王の自称）は、趙王が音楽好きだときいておる。ひとつ瑟《しつ》を弾《ひ》いてもらいたい」

趙王が瑟を弾くと、秦の記録官が、

「某年・月・日、秦王、趙王と会飲《かいいん》し、趙王に瑟を弾かしむ」

と書いた。すると藺相如が進み出ていう。

「趙王は、秦王が秦の音楽にご堪能《たんのう》ときいております。盆缻《ぼんぷ》を秦王に撃《う》っていただき、ともにたのしみたいと存じます」

秦王が怒って承知しないと、藺相如は、

「王とわたくしの距離はわずか五歩、わたくしの頸血《けいけつ》を王に濺《そそ》ぎましょうか」

ついに秦王が缻《ふ》を撃《う》ったので、相如は趙の記録官に、

「某年・月・日、秦王、趙王のために缻を撃つ」

と書かせた。そのあとで秦の群臣が、

「趙の十五城を献じて、秦王の寿を祝福してもらいたい」

と迫ると、藺相如は、

「秦の咸陽《かんよう》（陝西《せんせい》省の秦の国都）を献じて、趙王の寿を祝福していただければ」

とやり返した。こうして酒宴の終わるまで、趙は秦と対等の態度を保ちえた。帰国すると、藺相如の功績がみとめられ、上卿《じょうけい》の位につき、廉頗将軍よりも上位となったのである。廉頗としては面白くない。

「わしは趙の将軍として、千軍万馬の功がある。藺相如はただ口先だけの働きで、位はわしの上になった。相如はもともと卑賤《ひせん》の出身、やつの下になるに忍びない。こんどやつに会ったら、必ず辱《はずかし》めてやる」

藺相如はこれを聞くと、できるだけ廉頗と会わないように心がけた。朝廷に出仕するとき、廉頗と顔を合わせそうなときは、病気と称して欠席し、序列を争うことを避けた。相如が外出して、はるかに廉頗を見かけると、車をひいて避けかくれた。相如の臣下たちがいさめていった。

「わたしどもがあなたにお仕えしているのは、あなたのご高義を慕えばこそです。なのにいまあなたは廉頗将軍を恐れて避けていられる。これは凡愚《ぼんぐ》の者でも恥じるところ。これ以上お仕えするのがためらわれます」

藺相如はこれを固くひきとめていった。

「きみらは、廉頗将軍と秦王とどちらが恐ろしいと思うか」

「もちろん秦王です」

「わたしはその秦王を朝廷で叱りつけた。わたしが愚鈍だからといって、どうして廉頗将軍だけを恐れよう。よく考えてみるに、あの強い秦が趙に戦争をしかけないのは、このわたしと廉頗将軍がいるからだ。いま両虎がたたかえば、勢いとしてともには生きられまい。わたしが廉頗将軍を避けるのは、国家のことを先にして、私の恨みを後にするからなのだ」

この言葉を伝えきいた廉頗将軍は、肌ぬぎになって荊《いばら》の鞭《むち》を背負い、相如の邸の門前へいって、謝罪した。

「鄙賤《ひせん》の身のそれがし、あなたのこんな寛大な心を理解できませんでした」

このことがあってから、この二人は『刎頸の交』を結んだという。(『史記《しき》』廉頗《れんぱ》・藺相《りんしょう》如《じょ》伝)

とかく喧嘩をしてから、無二の親友になるという例はままあることであるが、戦国の世で、一服の清涼譚といえよう。「日中」間の友好とやらも、こんな交わりにしたいものである。

金蘭《きんらん》の交《まじわり》

『金蘭《きんらん》の交《まじわり》』または『金蘭の契《ちぎり》』というのは、友人間の親密ながら、その交《まじ》わりは金よりも固く、蘭のように美しい、というもの。
その出処《しゅっしょ》は『易経《えききょう》』である。

人と同じうす、先には号咷《ごうちょう》し、後には笑う。子曰く、君子の道、あるいは出で、あるいは処《お》り、あるいは黙《もく》し、あるいは語る。二人心を同じうすれば、其《そ》の利《り》なること金を断ち、同心の言は、其の臭《かおり》蘭の如し。(『易経《えききょう》』繫辞《けいじ》上伝)

(さきには孤独におちいって、泣き叫ぶこともあろうが、しかし心と心が結ばれれば、笑いが生まれるもの。君子の道は、出でては仕え、退いて野《や》にあり、あるときは沈黙し、あるときは大いに語る。しかし君子二人が心を同じくすれば、その力はするどくて金をも断ち、その言葉は蘭のごとき香りをはなつ)

ここから「断金《だんきん》」という言葉も出た。同じく『断金の交』『断金の契』、すべて「固い契《ちぎり》の友情」を指す。しかし「断金」だけでは鋭さだけで、「金蘭」に相当するような美しさものぞましい。そこで『断金伐木《だんきんばつぼく》の契《ちぎり》』というものがある。『伐木』は「木《き》を伐る」ことにはちがいないが、これは『詩経《しきょう》』から採っていて旧知友人《きゅうちゆうじん》をいたわる歌である。

伐木《ばつぼく》　丁丁《とうとう》
鳥鳴《ちょうめい》　嚶々《おうおう》
幽谷より出でて
喬木《きょうぼく》に遷《うつ》る
嚶《おう》たる其の鳴《めい》
其の友を求むるの声
彼《か》の鳥を旳《み》るも
猶《なお》友を求むる声あり
矧《いわ》んや伊《こ》れ人
友を求めざらん
神もこれを聴こしめし

終《つい》に和なり平らかなり（『詩経』小雅《しょうが》、伐木《ばつぼく》）

友を礼讃《らいさん》する詩にはちがいないが、「木を伐る音《おと》、鳥の鳴く音《ね》」から出てくるものは、やはり静寂の境地である。

春山《しゅんざん》　伴《とも》なく独り相求む
伐木丁丁《ばつぼくとうとう》　山さらに幽《しずか》なり
澗道《かんどう》の余寒《よかん》　氷雪《ひょうせつ》を歴《へ》
石門の斜日《しゃじつ》　林丘《りんきゅう》に到る
貪《むさぼ》らずして夜　金銀の気を識《し》り
害に遠ざかって　朝《あした》に麋鹿《びろく》の遊ぶを看《み》る
興に乗じて杳然《ようぜん》として　出処《しゅっしょ》に迷い
君に対して疑《うたが》うらくは　虚舟《きょしゅう》を浮かぶるかと（杜甫《とほ》『張《ちょう》氏の隠居《いんきょ》に題す』）

（春の山を、道づれもなしに、張《ちょう》氏の隠宅《いんたく》をたずねていくと、木を伐る音が聞こえてきて、それが一きわ静寂を増す。春とはいえ、まだ寒い谷川沿いの道を、氷雪を踏んでいくと、石門に夕陽の傾くころ、やっと君の棲《す》む林のある丘へたどりついた。君はここに棲んで、およそ欲というものをすてているから、夜は山に埋れた金銀の気を見るであろうし、世の俗悪を遠ざかっているから、朝は鹿の楽しく遊ぶ姿を目にしよう。興に乗じてこの仙境深く分け入ったが、さてこれからどうすべきか迷う次第、きっと君は『荘子《そうじ》』の中の「虚舟《きょしゅう》」の話のように、わたしを惑《まど》わすのではないか）

杜甫は静寂の中に、隠棲《いんせい》した友を訪ねている。「伐木」の音は、より深い無為無欲《むいむよく》の境にまで入りこんで、凡人にはあまりに遠くなりすぎる。竹林《ちくりん》の七賢《しちけん》の山濤《さんとう》が、嵆康《けいこう》、阮籍《げんせき》と一度会っただけで『金蘭《きんらん》の交《まじわり》』を結んだという（『世説新語《せせつしんご》』賢媛篇《けんえん》）が、交情などはあまり理屈っぽくない方がよかろう。

忘年《ぼうねん》の交《まじわり》

『忘年《ぼうねん》の交《まじわり》』とは、「交際とは才徳にあって、長幼《ちょうよう》ではない」ということである。

後漢《ごかん》の孔融《こうゆう》、字《あざな》は文挙《ぶんきょ》といって、山東《さんとう》の人、それに孔子《こうし》の二十代目の子孫であった。生まれつき才能に恵まれていた上に、大へんな勉強家でもあったようだ。

したがって早く名士となり、献帝《けんてい》のときには、北海郡《ほくかいぐん》の宰相となり、学校を建てて儒学を奨励したり、大いに活躍して、のちには宮中の供給万端をつかさどる少府《しょうふ》にまでなったが、曹操《そうそう》にうとまれて誅殺《ちゅうさつ》された。

しかし『孔融坐《ざ》満《まん》』などといわれるように、好んで後進の面倒をみるのが好きだったので、彼の家には賓客《ひんきゃく》が多く、いつも彼の坐《ざ》右《ゆう》に満ちていたそうである。（『後漢書』孔融伝）

後漢の禰衡《でいこう》、あざなは正平《せいへい》、これも若くからその才をうたわれた。しかしその才気を鼻《はな》面《づら》にぶらさげたような男だったらしい。

曹操が禰衡が鼓の上手《じょうず》なのを知って鼓吏《こり》にしたが、あまりに狂傲《きょうごう》なので、これを荊州《けいしゅう》の長官劉表《りゅうひょう》に与えた。劉表もその傲慢さがやりきれず、その部下の黄祖《こうそ》に与えたが、結局は殺されている。（『後漢書』禰衡伝）

しかしこの禰衡という後輩の面倒をみて、深い交友関係をもったのが、孔融だという。時に禰衡は二十歳《はたち》、孔融はすでに五十歳、『忘年の交』をなしたといわれる。

忘年会で、社長から若手社員まで一堂に会して歓《かん》を尽くすことはあるとしても、その一夜の会合を忘年の交とはいえない。年齢を超越して、才徳のみでつき合ったというこの故事をみても、どうも『忘年の交』とは少々いや味がのこっていただけない。

莫逆《ばくぎやく》の友《とも》

『莫逆《ばくぎやく》の友』の「莫逆」とは、「逆《さか》らう莫《な》し」と読めるから、「何ごとにも相反することのない友」というわけになる。つまり「意気投合《いきとうごう》」にあたる。

子祀《しし》、子輿《しよ》、子犂《しり》、子来《しらい》の四人が集まって語り合う。

「無をもって首《くび》となし、生をもって脊《せき》となし、死をもって尻《しり》となすことのできるのは、誰だろう。生死存亡が一体であることを知っているのは、誰だろう。そういう人間がいたら、親友になりたい」

四人とも顔を見合わせて笑い、意気投合して、親交を結んだという。(『荘子《そうじ》』大宗師篇《だいそうし》)

これまた相当に老荘哲学を加味した友人関係になる。生前、生存、死後を、身体の部分にあてた。つまり首は生前、脊は生存、尻は死後、首、脊、尻はそれぞれ分かれているようだが、実は身体なので一に帰する。それと同様に生前、生存、死後をも一体とみる。つまるところ、生死を超《こ》えて、道と一体となることか。『荘子』のそういう思想を理解し合うものこそ、『莫逆の友』となれるのであろう。

まあほんとうの心の友を得るということはむずかしかろうが、こういうことになるとなかんずく『莫逆の友』などできにくい。

竹馬《ちくば》の友《とも》

『竹馬《ちくば》の友《とも》』といえば「幼な馴染《なじみ》」、『竹馬の好《よしみ》』といえば「幼いころからの交わり」ということになろう。この言葉は案外これらの類語《るいご》の中で、よく使われているほうではないだろうか。子供のころ、竹馬《たけうま》に騎《の》って遊ぶということこそほとんどなくなったが、「竹馬」が平易で親しみやすい言葉だから残ったのかもしれない。

晉《しん》の桓温《かんおん》は、字《あざな》は元子《げんし》、大いに軍功を立て、南郡公《なんぐんこう》に封ぜられ、大へんな権勢の持ち主であったが、

『男子、芳《ほう》を百世《ひゃくせい》に流す能《あた》わずんば、臭《しゅう》を万年に遺《のこ》すべし』

といったといわれるように、かなり不逞《ふてい》の気持ちを備えた人物だったともいえる。

同じ晉の殷浩《いんこう》は、字《あざな》を深源《しんげん》といって、『老子《ろうし》』や『易《えき》』を好んだ清談《せいだん》の士で、人望もあった様子。でも仕官をきらってながいこと野《や》にあったが、簡文《かんぶん》帝の懇望《こんもう》で、ついに建武《けんぶ》将軍となった。それはちょうど桓温が蜀《しょく》を破って帰り、意気上がっていたころ、この二人が事ごとに競争心をあらわに出すようになったのもそれからである。

桓温がいった。

「君は私とくらべて、どう思うかね」

殷浩が答えた。

「私は、私自身とのつきあいが古いから、やはり私のほうが上だと思うよ」

弁舌では殷浩《いんこう》の方が一枚上だったように思える。しかし桓温に讒言《ざんげん》されて流されてしまう。そのあとで桓温はこういったという。

「少年のころ、殷浩といっしょに竹馬に騎って遊んだが、わしが騎りすてたあと、いつもそれを取って騎っていたよ。だからわしの下にまわるのはあたりまえだ」(『世説新語《せせつしんご》』品《ひん》藻《そう》篇)

これは『管鮑《かんぽう》の交《まじわり》』(同項参照)などとは全然逆で、幼な馴染もなにもない、『竹馬の友』も蹴《け》落《お》として出世しよう、ということだ。『竹馬の友』という言葉が今日も生きているのは、案外この故事までふまえているのかも知れない。

肝胆相照《かんたんあいて》らす

『肝胆相照《かんたんあいて》らす』の「肝胆」とは「肝臓《かんぞう》と胆嚢《たんのう》」つまり「腹の中」だ。それをたがいに照らし合う、となれば、「腹蔵《ふくぞう》なく心の中をうち明ける」こと、そういう友だちこそ『心腹《しんぷく》の友』といえるのである。

「肝胆相照らす仲だ」いまもそういう言葉を耳にしないこともあるまい。この出処《しゅっしょ》は、有名な唐の韓愈《かんゆ》の名文といわれる『柳子厚墓誌銘《りゅうしこうぼしめい》』にある。

唐の韓愈、字《あざな》は退之《たいし》、文《ぶん》というのはその諡《おくりな》である。官吏の試験に合格して、高官を歴任し、かつ唐宋八大家《とうそうはちだいか》の一人に数えられる文章家、柳宗元《りゅうそうげん》とともに古文の復興を唱えた。ある意味で秀才タイプの、現実主義的な傾向はあるが、永年の親友であった柳宗元の死にあたって、その遺徳をたたえて棺《ひつぎ》とともに埋める、この墓誌銘の文章は、傑作として残されている。

「子厚《しこう》、いみなは宗元《そうげん》」に始まるこの文章は、およそ前半で宗元の略歴を述べ、その業績について指摘する。そして不遇な中にありながら、同じ唐詩人としてわれわれにも親しまれる劉禹錫《りゅううしゃく》が、同様に左遷されてゆくのに涙を流し、老母をつれては赴任できまいからと、身代りを申し出た柳宗元の厚情を示してその人間像をクローズアップする。そのあとに、こう続けるのである。

嗚呼《ああ》、士は窮《きゅう》してすなわち節義《せつぎ》を現わす。今それ里巷《りこう》に平居《へいきょ》して相慕悦《あいぼえつ》し、酒食遊戯《しゅし》して相徴逐《あいちょうちく》し、詡詡《くく》として強《し》いて笑語し、もって相取《あいと》り下《くだ》り、手を握り、肺肝《はいかん》を出《いだ》して相《あい》示《しめ》し、天日を指して涕泣《ていきゅう》し、生死相背負《あいはいふ》せざるを誓《ちか》う。まことに信ずべきがごとくなれども、一旦《いったん》小利害のわずかに毛髪の比のごときに臨《のぞ》めば、反眼《はんがん》して相識《あいし》らざるがごとく、陥穽《かんせい》に落つるも、一たびも手を引いて救わず、かえってこれを擠《おと》して、また石を下《くだ》すものの、みなこれなり。

（ああ、士は窮境に立って、はじめてその節義が現われるものである。いま安穏《あんのん》に街に住んで仲よくつき合い、酒だ食事だと遊ぶことにはたがいに往来し、心ならずも談笑してへりくだり、手を握り、胸中をうちあけ、太陽を指して涙を流し、生きている間も、死んでからも、たがいに裏切るまいと誓い合う。いかにも信用できるようにみえるが、いったんちょっとした利害にぶつかると、反目《はんもく》して知らぬ顔、相手が落し穴に落ちても、手を貸して救おうともしないばかりか、かえって相手をつき落とし、そのうえ石まで投げこむ、誰もがこんな有様なのだ）

原文は名文かも知れぬが、非常にむずかしいし、固い。その固い感じの韓愈の、柳宗元は一番の理解者だったというから、韓愈もまた心魂《しんこん》を傾けてこの文章を書いたのかも知れぬ。まことに『肝胆相照らす』友であったのだろう。

知《ち》音《いん》

『知《ち》音《いん》』とは「楽《がく》の音《ね》をよく知る」ということから転じて、「自分の心をよく知ってくれる友」ということになる。また『絶絃《ぜつげん》』というと、その「親友の死」を意味する。

これは「声《せい》を審《つまび》らかにして、もって音《いん》を知る」（『礼記《らいき》』楽記《がくき》）というような音楽の専門的なことからではなく、「歌う者は苦しむを惜しまず、ただ知音《ちいん》の稀《まれ》なるを傷《かな》しむ」（古《こ》詩《し》）という、芸術がわかる話なのである。

むかし伯牙《はくが》という琴の名手《めいしゅ》がおり、その曲を見事に聴き分ける鍾子期《しょうしき》という親友があった。伯牙が琴を弾き、高い山に登る気持ちで弾き終わると、

「すてきだな、まるで峨々《がが》としてそびえる泰山《たいざん》のようだ」

と鍾子期がいう。

伯牙がまた流れる水を思い浮かべながら弾き終わると、

「いいよ、揚子江《ようすこう》か黄河《こうが》のように、ひろびろとした感じだ」

と鍾子期が讃《ほ》める。

このように、伯牙の思っていることを、鍾子期は必ずそっくりと汲《く》みとってくれた。

あるとき、伯牙が泰山の北方へ旅をしたが、にわかに大雨に遭い、岩蔭に身をひそめ、わびしい気持ちになって、琴をひき寄せて弾《ひ》いた。はじめは降りつづく長雨の調《しら》べ、さらに山が崩れんばかりの狂想曲《きょうそうきょく》。

鍾子期がその曲を聴くたびに、伯牙がその旅で感じた淋《さび》しさや、やりきれなさを、ぴったりと再現してくれる。伯牙は琴をおいて感歎《かんたん》していった。

「すばらしいよ、君の耳は。わたしの考えを推測して、まるでわたしの心とぴったりと合う。わたしは君の耳をごまかすすべを知らんよ」（『列子《れっし》』湯問《とうもん》篇）

この話は『呂氏春秋《りょししゅんじゅう》』に敷衍《ふえん》されて、

「鍾子期《しょうしき》死す、伯牙《はくが》琴を破り絃《げん》を絶《た》ち、終身また琴を鼓《こ》せず、おもえらく、世にまた為に琴を鼓《こ》するに足《た》る者なし」

となり、『伯牙絶絃《はくがぜつげん》』という言葉はここから出ている。

たがいに理解し合うと理屈でいったところで、どうも為にする、というような感じがあって、何何の交《まじわり》、何々の友、と称しても、何かわざとらしさが残るし、腹の中の臓物《ぞうもつ》など照らし合わせられるものでもあるまい。その点『知音《ちいん》』はきわめて具体性があるし、この理解は、理屈ではない。ことにその「知音」の死後、もう琴は弾かなかった、もうそれで十分である。谷崎潤一郎《たにざきじゅんいちろう》の描く『春琴抄《しゅんきんしょう》』は、もう一つくどい味を残すが、『呂氏春秋』は『知音』に「余音《よいん》」を残したといえようか。

興《きょう》に乗《の》る

『興《きょう》に乗《の》る』ということは、なんのことはない「気のむくまま」というような意味なのであるが、ここでいいたいのは実は『興に乗って来《きた》り、興尽きて反《かえ》る』という話なのである。

晋《しん》の王徽之《おうきし》、あざなは子猷《しゆう》、有名な書家の王羲之《おうぎし》の子である。ものにこだわらず、なかなか秀《すぐ》れた人物だったようである。

山家住《やまがず》まいの夜、雪が霽《は》れて、空には一点の雲もなくなり、月の色がとてもきれいなので、ひとりで酒を酌《く》みながら、左思《さし》の招隠《しょういん》の詩を吟じた。

策《つえ》をたよりに　隠士をたずぬるに
荒れたる道は　われを阻《はば》む
洞穴《どうけつ》のみにて　家の構《かま》えもなく
丘の上には　琴の音《ね》のみ
山の北側に　残雪白く
山の南側に　紅《あか》い花びら
岩間《いわま》の水　石を洗って
小さき魚の　浮きつ沈みつ
琴も笛も　要《い》らず
山水の　清らかな調《しら》べ
口笛吹いて　歌うまでもなく
灌木《かんぼく》の　吟ずる声
秋菊《しゅうぎく》は　食用を兼《か》ね
幽蘭《ゆうらん》は　襟《えり》に插《さ》すべし
世俗に逐《お》われ　足も萎《な》え
しばしはここに　隠《かく》れ棲《す》む
そんな詩を吟じていると、無性《むしょう》に戴逵《たいき》に会いたくなった。

戴逵、あざなは安道《あんどう》、武《ぶ》帝に召されたが、仕官せず、詩文書画に没頭していた高潔の士である。戴逵はそのとき、剡渓《せんけい》（浙江《せっこう》省曹娥江《そうがこう》の上流）にいた。

王徽之はその夜、小舟に乗り、野宿の幾夜を経て、戴逵の棲家《すみか》にたどりついたが、門まででいって引返してきてしまった。人がそのわけをたずねると、こういったという。

「もとより、興に乗ってきたのだから、興が尽きたらかえるまで。なにも安道《あんどう》に会う必要もない」（『晋書《しんじょ》』王徽之《おうきし》伝）

感興が湧いて、心の浮き立つままに、とてもその友人に会いたくなって出かけたが、その情熱がさめたら、会わずに帰った、何か薄情のように思うかも知れぬが、いかにもさらりとしていて面白いではないか。どうせここまで来たんだから、ともかく会っていこう、では惰性《だせい》である。またほんとうに会いたくなることがあるはずだ。そのときにまた会おう。

こんな交友関係こそ、うわべをつくろったり、利用し合ったり、憎みあったりの、にちゃにちゃした友情より、どれほど気持ちがいいかわからない。

美人篇

虞《ぐ》美《び》人《じん》

「美《び》人《じん》」といえばもちろん「容貌《ようぼう》の美しい女」で、わかりきっているというが、どうもいままでは「美女」のことにしか使われなくなっている。しかし「美しい人」なら、男だっていいわけで、

「その弟《おとうと》は美人なり」（『墨子《ぼくし》』小取《しょうしゅ》）

と使われ、また君主を指して、

「美人を望めど、未《いま》だ来《きた》らず」（『楚辞《そじ》』九歌《きゅうか》）

という。あるいはまた、

「雪は山中に満ち　高士《こうし》臥《が》す
月明林下《げつめいりんか》に　美人来《きた》る」（『梅花の詩』明《みん》の高啓《こうけい》）

といえば、この「美人」は「梅」のことだ。もう一ついえば「美人《メイレン》」と読んで、現在の中国語では、「アメリカ人」のことになる。

しかしここの『虞《ぐ》美《び》人《じん》』の「美人」は、女官名《にょかんめい》である。

「高祖《こうそ》その姉を召して、美人となす」（『史記《しき》』萬石張叔《ばんせきちょうしゅく》列伝）

とは、漢《かん》の高祖が、萬石君の姉を女官にとりたてたのである。

さて漢代の女官の十四等《じゆうしとう》といわれるものをみると、昭儀《しょうぎ》、婕妤《しょうよ》、義娥《ぎが》、傛華《ようか》、美人《びじん》、八子《はちし》、充依《じゆうい》、七子《しちし》、良人《りょうじん》、長使《ちょうし》、少使《しょうし》、五官《ごかん》、順常《じゅんじょう》、無涓《むけん》。

とあって、美人の順位は五番目だが、これはのちに整理されたものであろうから、悲劇の英雄項羽《こうう》の愛した『虞美人《ぐびじん》』は、必ずしもこの順位には関《かか》わりなかろう。『虞美人《ぐびじん》』のことを「虞姫《ぐき》」とも称するが、これは斉《せい》の威王《いおう》をいさめた「虞姫《ぐき》」（教養篇『瓜田李下』参照）とはちがう。この『姫《き》』もまた官名で、単なる「お姫《ひめ》さま」ではなく、順位は「婕妤《しょうよ》」と「八子《はちし》」の間にある、とのことだが、階級性の大へんはげしい当時、どのくらいの差《さ》のあったものか、見当つきかねる。

さて漢の劉邦《りゆうほう》と、楚の項羽《こうう》の争いは、ついに最後の雌雄《しゆう》を決する時がきた。垓下《がいか》（安徽《あんき》省）の戦いである。

項羽の軍は垓下に堡塁《ほるい》をきずいていたが、兵力は少なく、食糧はほとんど尽きていた。漢軍および諸侯の兵は、これを幾重にも包囲した。

夜に入って漢軍が『四面楚歌《しめんそか》』するのをきいて、

「漢はもうわが楚を全部手に入れたのか、なんと楚人の多いことよ」

とおどろいたという。「あたり一面、楚の歌声」このことから『四面楚歌』は「敵に包囲されて援軍のない状態」を指し、ひいては「みんな敵だから、かなわないよ」と使うことになった。

項羽は夜半に起き出て、本陣《ほんじん》の帳《とばり》の中で酒を飲んだ。戦陣《せんじん》の間《かん》、いつも傍を離れずにいたのは寵愛《ちょうあい》する虞美人《ぐびじん》と、あしげの駿馬《しゅんめ》の騅《すい》であった。項羽は自作の詩を歌い、虞美人に命じて舞わせた。

力《ちから》山を抜《ぬ》き　気は世を蓋《おお》う
時に利あらず　騅逝《すいゆ》かず
騅逝《すいゆ》かざるを　如何《いかん》すべき
虞《ぐ》や虞《ぐ》や　なんじを如何せん（『史記』項羽本紀《こううほんぎ》）

あまりいい詩とは思えぬが、それだけにこの時の悲愴《ひそう》感が盛《も》られ、単純な英雄としての項羽の人間性も現われてか、この詩は有名であり、この冒頭の句から『抜山蓋世《ばつざんがいせい》』という言葉が、「山をも抜きとり、一世を支配する」ことから「勇壮な気概」を形容する。

このあと虞美人《ぐびじん》は、

漢兵すでに　地を略《りゃく》す
四面　楚歌《そか》の声
大王《だいおう》　意気尽きぬ

賤妾《せんしょう》なんぞ　生に聊《やす》んぜん

と唱和し、項羽の剣を賜《たま》わって自刃《じじん》する。項羽は烏江《うこう》（安徽省）まで落ちて、そこで自ら刎死《ふんし》して、漢楚《かんそ》の抗争に終止符を打つのだが、この虞美人、あるいは姓を虞といい、あるいは名を虞といい、歴史にもその名は項羽という英雄の最期《さいご》に現われるだけで、どうも経歴のほどは詳《つまび》らかでない。しかし項羽という英雄は、虞美人という「色」をえて、いよいよ悲壮に彩《いろど》られるといえよう。

虞美人を埋葬した墓の上に、いつか美しい花が咲いた。人呼んで『虞美人草《ぐびじんそう》』という。麗春花《れいしゅんか》、仙人草《せんにんそう》とも呼ぶが、実は「ひなげし」の花である。

くだって宋の曾鞏《そうきょう》に「虞美人草」という詩があって、この虞美人を見事に甦《よみがえ》らせる。

鴻門《こうもん》の玉斗《ぎょくと》　紛《ふん》として雪の如し
十万の降兵《こうへい》　夜　血を流す
咸陽《かんよう》の宮殿　三月　紅《くれない》なり
覇業《はぎょう》すでに　煙燼《えんじん》にしたがいて滅ぶ
剛強《ごうきょう》は必ず死し　仁義《じんぎ》は王たり
陰陵《いんりょう》に道を失うは　天の亡ぼすにあらず
英雄もと学ぶ　万人の敵

なんぞ用《もち》いん　屑々《せつせつ》　紅粧《こうしよう》を悲しむを
三軍《さんぐん》散じ尽くして　旌旗《せいき》倒れ
玉帳《ぎよくちよう》の佳人《かじん》　坐中《ざちゆう》に老《お》ゆ
香魂《こうこん》　夜　剣光《けんこう》を逐《お》うて飛び
青血《せいけつ》化して　原上《げんじよう》の草となる
芳心寂寞《せきばく》として　寒枝《かんし》に寄せ
旧曲《きゆうきよく》聞き来《きた》って　眉を斂《おさ》むるに似たり
哀怨徘徊《あいえんはいかい》して　愁《うれ》いて語らず
恰《あたか》も初めて　楚歌を聴く時のごとし
滔々《とうとう》たる逝水《せいすい》　今古《きんこ》に流れ
漢楚の興亡　両《ふた》つながら丘土《きゆうど》
当年の遺事《いじ》　久しく空《くう》となる
樽前《そんぜん》に慷慨《こうがい》して　誰《た》がためにか舞う

（陝西《せんせい》省の鴻門《こうもん》の会合のとき、項羽《こうう》が劉邦《りゆうほう》を討つことをためらい、逃げられたのを、臣下の范《はん》増《ぞう》が怒って、自分に賜わった白玉《はくぎよく》の酒杯《しゆはい》を、剣を抜いて打ち砕いたが、その飛び散る様は、雪のようであった。そのあと項羽は秦《しん》の十万の投降《とうこう》した兵を虐殺して血を流し、咸陽の巨大な阿《あ》房宮《ぼうきゅう》は焼かれて、三か月も燃えつづけたが、項羽の覇業《はぎょう》も、その煙のように滅びることになった。由来《ゆらい》心の剛《たけ》く強い者は必ず死に、仁義の者が王となる。それゆえ安徽《あんき》省の陰陵《いんりょう》で道に迷い、死地に陥《おち》いったのも、天が亡ぼしたのでなく、自分自身が滅したのである。英雄とはもともと万人の敵に当たるもの、なんで紅粧《こうしょう》をほどこした虞美人のことをくよくよ悲しむことがあろうか。大軍は散り散りになり、味方の旗は倒れ、美しい帳《とばり》の中にいた虞美人も、悲しみのために年老《ふ》けてみえた。その虞美人がその夜自《みずか》ら首を刎《は》ねて、白刃《はくじん》の光とともにその香魂《こうこん》は消え、まっ赤な血は化して原野《げんや》の草となった。虞美人は寒々とした茎に託して花を咲かせ、垓下《がいか》の悲歌をきいて愁《うれ》いの眉をひそめた姿にも似る。悲しみの中にさまよって沈黙し、はじめて四面楚歌《しめんそか》をきいたときの風情《ふぜい》か。

とうとうと流れ去って返らぬ水は、今も昔も変わらぬが、漢楚《かんそ》の興亡《こうぼう》の歴史はいずれもいまは丘《おか》の土《つち》。当時の物語はもうずっとむかしのことで空しいが、酒樽《さかだる》の前でなげきつつ、虞美人草はいまもなお、誰のために舞っているのであろうか)

王昭君《おうしょうくん》

『王昭君《おうしょうくん》』は中国史における悲運の女性として、案外日本にも親しい。これは中国においても、悲劇の好材料としていろいろに脚色され、曲に歌われ、詩に賦《ふ》されたからでもあろう。

王昭君は漢の元帝の妃《ひ》であったという。「妃」は「きさき」と読むと「皇后の次」に位する。妃とは「夫人《ふじん》」であって、王たる者は「一后三夫人」つまり皇后以外に三人の夫人がいたというが、王昭君はどうもそれほど高位の女御《にょご》だったとは思えない。むしろここの「妃」とは「姫《き》」と同じで、「めかけ」の意、「姫妾《きしょう》数百」といわれる、その他大勢《おおぜい》の宮女の一人だったのではないかと思う。

それで王昭君のことを「明妃《めいひ》」ともいうが「昭」が「明」に変わったのは、のちに文帝《ぶんてい》の諱《いみな》（死者生前の名）を避けて、「明君《めいくん》」と呼んだからである。

斉《せい》国の王襄《おうじょう》の娘嬙《しょう》、あざなは昭君《しょうくん》、年十七で漢の元《げん》帝に献ぜられた、というのが通説である。「昭君村《しょうくんそん》」というのが湖北《こほく》省の興山《こうざん》県の南にあって、杜甫《とほ》の詩にも載っているから、そこが昭君出生の地であろうというが、名所はあとから作る例が多いので、どこまで信用できるかわからない。

『昭君怨《しょうくんえん》』という「琴曲歌辞《きんきよくかじ》」があって、これは漢の元帝に寵幸《ちょうこう》されなかったことを恨む曲である。これによると、単于《ぜんう》（匈奴《きょうど》の王）歓迎宴の席上で、この中の一女を単于に賜わらん、希望者はないか、と帝が申されると、並《な》みいる宮女の中から、王昭君が名のり出た。平素自分をかえりみてくれなかった帝へのつら、あてであったという。それだけ容貌《ようぼう》に自信があったのか。しかし結局は匈奴に嫁いで一子を生み、その子が単于となったとき、毒をあおって死んだという。

秋木《しゅうぼく》　萋々《せいせい》（茂《しげ》るかたち）なるも
其の葉　萎《な》えて黄ばむ
鳥は山に処《お》り　苞桑《ほうそう》（桑の木の根）に集《つど》い
毛羽《もうう》を養育し　形容《けいよう》　光を生ず
すでに雲に升《のぼ》るをえて
上《かみ》　曲房《きょくぼう》に遊ぶも　離宮《りきゅう》　絶《はなは》だ曠《ひろ》く
身体摧蔵《さいぞう》し　志念《しねん》　抑沈《よくちん》して
頡頏《きっこう》（はり合う）するをえず
委食《いしょく》をうるといえども
心に徊徨《かいこう》あり　われひとりそれ何ぞ
往《おう》を改め　常《じょう》を変じて
翩々《へんぺん》の燕《つばめ》　遠く西羌《せいきょう》（蛮族の名）に集《つど》う
高山峩々《がが》　河水泱々《おうおう》
父よ　母よ　道理悠長《ゆうちょう》
嗚呼《ああ》哀《かな》しいかな　憂心惻傷《ゆうしんそくしょう》（かなしみいたむ）

これが王昭君の自作というのも少々おかしいが、この詩は案外女のさがをあらわにしていて、面白い。しかしこの話は次第に哀怨《あいえん》の彼方《かなた》へと美化されていく。

元帝の宮女は非常に多かったので、画工毛延寿《もうえんじゅ》に姿形を描かせて、その図《ず》によって召幸《しょうこう》したという。カメラなどない時代だから、こういうことになったのであろうが、ずいぶんいいかげんなものではある。したがって宮女たちは、その画工に賄賂《わいろ》をおくって、美しく描いてもらったが、ひとり王昭君だけは、それをしなかった。潔癖《けっぺき》だったのか、それとも容貌に自信があったのか。ともかく絵図《えず》でしらべて、不器量《ぶきりょう》なのを、単于に与えた。単于はどうせ蛮族《ばんぞく》、漢人の女というだけで喜ぶからだ。しかし匈奴《きょうど》に嫁入るときまって、召見《しょうけん》してみると、後宮第一の美人、元帝はしまったと思ったが、あとの祭り、せめて画工毛延寿を罰したとある（『漢書《かんじょ》』、『西京雑記《せいけいざっき》』）。はなはだお粗末な話だが、物語として発展するものを内蔵《ないぞう》していそうに思う。

漢の元帝のときの匈奴は、かなり勢盛んで、漢朝から妻を娶《めと》りたいと頼んできたので、良家の娘である明君《めいくん》をこれに妻《めあ》わせることにした。むかし漢の武帝《ぶてい》のとき、江東《こうとう》王の娘が烏孫《うそん》（西域《せいいき》の国名）に嫁したとき、馬上で琵琶《びわ》を奏せしめ、旅路の悲しみを慰めさせたから、元帝が明君を送るときも、そうしたにちがいないと、哀怨《あいえん》をこめて書いたのが、晋《しん》の石崇《せきすう》の『王明君《おうめいくん》の詞《し》』である。

　われはもと漢家《かんか》の子

まさに単于《ぜんう》の庭《てい》に適《ゆ》かんとす
辞訣《じけつ》いまだ終わるに及ばざるに
前駆《ぜんく》はすでに旌《はた》を抗《あ》ぐ
僕御《ぼくぎょ》は涕《なみだ》流離《りゅうり》たり
轅馬《えんば》も悲しみかつ鳴く
哀鬱《あいうつ》は五内《ごない》（五臓《ごぞう》）を傷《やぶ》り
泣涙《きゅうるい》は朱纓《しゅえい》（香袋《においぶくろ》のひも）を湿《うるお》す
行き行きて日《ひ》すでに遠く
ついに匈奴《きょうど》の城に造《いた》る
われを穹廬《きゅうろ》（天幕）に延《ひ》き
われに閼氏《えんし》（単于の后《きさき》）の名を加う
殊類《しゅるい》（異類《いるい》）は安んずる所にあらず
貴しといえども栄《えい》とする所にあらず
父子に陵辱《りょうじょく》せらる
これに対して慙《は》じかつ驚く
身を殺すはまこと易《やす》からず
黙々としてもって苟《いやし》くも生くるのみ

苟くも生くるのみにて何ぞ聊《やす》んぜん
思いを積《つ》んでつねに憤《いきどお》り盈《み》つ
願わくは飛《ひ》鴻《こう》の翼を仮《か》り
これに乗りてもつて遐《はる》かに征《ゆ》かん
飛鴻はわれを顧《かえり》みず
佇立《ちょりつ》してもって屏営《へいえい》（息づまる）す
昔は匣《こう》中の玉（箱入り娘）たり
今は糞上《ふんじょう》の英《はな》たり
朝華《ちょうか》（春の花）は歓《よろこ》ぶに足らず
秋草と并《なら》ぶに甘んず
語を後世の人に伝《つた》う
遠く嫁《か》しては情《じょう》をなしがたしと

蛮地《ばんち》に嫁《とつ》いではじめて父子に凌辱《りょうじょく》される習わしを知った王昭君は、それでも黙々と苟生《こうせい》して、わが子が単于となったとき毒をあおいだいきさつは、この詞《し》の中から痛切に響いて来よう。そんな蛮地にゆきつく前に、黒竜江《こくりゅうこう》へ身を投げ、その屍《しかばね》が白鳥に変じて漢土に飛び帰ったという話も、この詞からうかがわれるであろう。

王昭君には、南朝の宋《そう》の鮑照《ほうしょう》、同じく梁《りょう》の施栄泰《しえいたい》、北周《ほくしゅう》の庾信《ゆしん》、それから唐《とう》の崔国輔《さいこくほ》、盧照鄰《ろしょうりん》等等、また宋《そう》に入っても欧陽脩《おうようしゅう》、王安石《おうあんせき》と、みな歌辞《かじ》がある。元《げん》の馬致遠《ばちえん》の『漢宮秋《かんきゅうしゅう》』雑劇《ざつげき》はあまりにも有名で、その題目、

黒江《こくこう》に沈《しず》む　明妃《めいひ》　青塚《せいちょう》の恨《うら》み
幽夢《ゆうむ》を破る　孤雁《こがん》　漢宮の秋

は人口に膾炙《かいしゃ》していよう。

敦煌《とんこう》から出土《しゅつど》した『明妃変文《めいひへんぶん》』は、王昭君物語を、散文と韻文《いんぶん》で述べたもの。このほか、王昭君の故事を引く詩文は枚挙にいとまないが、ここでは最後に、李白《りはく》の『王昭君』を引いて、いつもその墓に青い草が絶えなかったという『青塚《せいちょう》』を弔《とむら》おう。

漢家秦地《かんかしんち》の月　影を流して明妃《めいひ》を送る
一たび玉関《ぎょくかん》の道に上《のぼ》り　天涯《てんがい》去って帰らず
漢月《かんげつ》また東海《とうかい》より出《い》ずるも
明妃は西に嫁して　来《きた》る日なし
燕支《えんし》（地名、匈奴の王庭のあった所）長《とこし》えに寒く　雪　花となす
娥眉《がび》憔悴《しょうすい》して　胡沙《こさ》に没《ぼっ》す
生きては黄金に乏《とぼ》しく　枉《ま》げて図画《ずが》せられ

死しては青塚《せいちょう》を留《とど》めて　人をして嗟《なげ》かしむ

昭君　玉鞍《ぎょくあん》を払《はら》い
馬に上《のぼ》って紅頬《こうきょう》を啼《な》く
今日《こんにち》　漢宮の人
明日《みょうにち》は胡地《こち》の妾《しょう》

楊貴妃《ようきひ》

『楊貴妃《ようきひ》』といえば唐《とう》の玄宗《げんそう》皇帝とのロマンスのヒロイン、世界三大美人というと、クレオパトラと小野小町《おののこまち》と楊貴妃だなどといわれた時代のあったほどで、大へんポピュラーな女性である。しかし「貴妃」は名前ではなく、やはり女官名。唐代女官の十九等は、貴妃、淑妃《しゅくひ》、徳妃《とくひ》、賢妃《けんぴ》、昭儀《しょうぎ》、昭容《しょうよう》、昭媛《しょうえん》、修儀《しゅうぎ》、修容《しゅうよう》、修媛《しゅうえん》、充儀《じゅうぎ》、充容《じゅうよう》、充媛《じゅうえん》、婕妤《しょうよ》、美人、才人、宝林《ほうりん》、御女《ぎょじょ》、采女《さいじょ》で、「貴妃」は断然トップ、「美人」などかすんでいて、とても追従《ついじゅう》を許さない。

またもう「貴妃」といえば『楊貴妃』を指すのであって、有名な京劇《きょうげき》「貴妃《きひ》酔酒《すいしゅ》」もある。

楊貴妃は、弘農郡公《こうのうぐん》に封ぜられた元琰《げんえん》の娘というから、かなり良家の子女《しじょ》、四川《しせん》の生まれで、幼名は玉環《ぎょくかん》、はじめ玄宗の第十八王子、寿王瑁《じゅおうぼう》の妃《ひ》となった。ところが、玄宗皇帝が寵愛《ちょうあい》していた武恵妃《ぶけいひ》が亡くなり、後宮に帝の心にかなうものがなく、帝が鬱々《うつうつ》としていたとき、

「寿王の妃は絶世の美人、後宮に入れられては」

という者がおり、長安《ちょうあん》の東、驪山《りざん》の麓《ふもと》にあった温泉宮《おんせんきゅう》（のちの華清宮《かせいきゅう》）で拝謁《はいえつ》した。しかしいかに権力の時代とはいえ、父が息子の女を横取りするのだから、外聞《がいぶん》もあったろう。

それで彼女自身の意志と称して、道教《どうきょう》の女官として太真《たいしん》と名乗らせる。「楊太真《ようたいしん》」の名はここから生まれる。

その後、寿王には改めて韋昭訓《いしょうくん》の娘を娶《めと》らせ、楊太真は晴れて宮中に上《のぼ》り、貴妃の位《くらい》を賜わる。歌と舞がたくみで、音楽に精通し、人並《な》みすぐれた利巧で、相手の心を読みとる術を心得ていたという。それだけの女性を、よく息子の方で手離したと思うが、それは時代がちがうのだろう。

玄宗皇帝五十六歳の抵抗《ていこう》、楊貴妃は二十三歳の若さであった。帝の喜びようは大へんなもので、「後宮の佳麗三千の寵愛を一身に集め、春は春の遊びに従い、夜は夜を専らにし

た」（白楽天《はくらくてん》『長恨歌』）。また美貌《びぼう》の姉三人も、それぞれ韓国《かんこく》、虢国《かくこく》、秦国《しんこく》に封《ほう》ぜられ、夫人の位を得た。楊一門すべて権勢の座につくことになるが、またいとこの楊釗《ようしょう》が、のちに宰相となり、権力をほしいままにした楊国忠《ようこくちゅう》である。

前半の玄宗皇帝は政治に励《はげ》んだが、後半楊貴妃を知ってからは、「これより君王は早朝《そうちょう》せず」（『長恨歌』）で、はやくに朝廷へ出てまつりごとをするなんてことがなくなった。

いったい楊貴妃になんでそんなに魅力があったのだろう。

一つは当時の美の範疇《はんちゅう》であった、強く抱けば崩れるような、抵抗を感じさせない女の定型を脱して、現代的にいえばグラマーであったからではないか。

玄宗が、漢の成帝《せいてい》の愛妃《あいひ》飛燕《ひえん》のからだがあまりに華奢《きゃしゃ》だったので、七宝《しっぽう》の屛風《びょうぶ》をつくって、風に飛ばされないようにしたという話をしてから、

「おまえなら少々の風でも大丈夫じゃな」

といったら、楊貴妃は怒ってふくれたという。

だから真夏ともなると、相当暑がりで、薄絹の衣で、冷玉《れいぎょく》でつくった魚を口にふくみ、侍女たちに大扇で煽《あお》がせても、芳香《ほうこう》を放つ汗がしたたったそうだ。

したがって、いくら春寒のころだったとはいえ、華《か》清池《せいち》でいでゆに浴したとき、「温泉《おんせん》、水滑《なめら》かにして、凝脂《ぎょうし》を洗う」（『長恨歌』）とは、温《あたた》まって桜色になった脂肪《しぼう》のかたまりを想像させるではないか。楊貴妃はかなり大柄《おおがら》で、肥えていたと思われる。

しかしその肉体的な魅力のみではなかった。その温泉に浸って出てきたとき、「侍児《じじ》扶《たす》け起こせば、嬌《きよう》として力なし」（『長恨歌』）とは、実際に湯疲れしてぐったりとしたかも知れないが、故意か自然か、そういう嬌態《きようたい》をつくれる女であった。

それがいわば聡明美につらなる。

雪の霽《は》れた日に、見事に簷《のき》につららがさがった。侍女たちと、そのつららをとって騒いでいるところへ玄宗が現われて、「何をしている」とたずねたら、楊貴妃は二本のつららを手にもって、「氷の箸《はし》と戯れております」と答えたという。当意《とうい》即妙《そくみよう》の才をもっていたようだ。

その怜悧《れいり》さが、豊満な肉体を、肥満にはさせなかった。楊貴妃はよく舞った。ことに『霓裳羽衣《げいしようう い》の曲』が得意であった。この曲は、玄宗が道士の羅《ら》公遠《こうえん》に伴なわれて月宮《げつきゆう》に遊び、そこで聞いた音楽を写したというが、それはもちろん伝説で、実は婆《ば》羅《ら》門《もん》の曲が、西《せい》涼《りよう》（甘粛省《かんしゆく》）から伝わったのだそうだ。

まあこのように肉体美と聡明美をかね備えた女なら、玄宗を迷わせたのもうなずけよう。皇帝でありながら政治を怠ったというのは困るが、前半一生懸命やったのだから、後半生をのんびりするとして、はやくに位をゆずってちゃんとけじめをつけるべきだった。楊貴妃は、ほかの愚かでヒステリックな振舞《ふるまい》をした妃《きさき》たちのように、玄宗を暴虐の君主にはしていなかったと思う。

たしかに安禄山《あんろくざん》に対してはちょっと甘かったと思うが、彼女を誤まらせたのは、彼女自身ではなく、あまりにも目に余る一門の栄華、ことに楊国忠の専横ぶりだった。

玄宗もまた、ソグド人とトルコ人との混血だという安禄山をかわいがりすぎた。図《ず》にのった安禄山は、楊国忠を誅《ちゅう》して君側を清めることを名目に、反乱した。

玄宗は都をすて四川《しせん》省に向かうが、途中陝西《せんせい》省の馬嵬《ばかい》で、飢《う》えと疲れから不満が爆発して兵隊がさわぎ出し、ついに陳玄礼《ちんげんれい》らによって楊国忠は殺される。しかし楊国忠は死んでも、「禍《わざわい》の本《もと》はまだ残っている」とて、兵隊たちは鎮《しず》まらない。玄宗はやむなく、貴妃と訣別《けつべつ》する。貴妃はひとり路傍の祠《ほこら》のもとで首を縊《くく》る。死体は紫のしとねにくるんで、道ばたに葬った。ときに年三十八歳。(『新唐書《しんとうじょ》』楊妃伝)

これは主として『新唐書』の記載によったが、この死の瞬間は簡単な描写ほど悲惨が増すかも知れない。

『楊貴妃』に関しては、唐《とう》代小説『楊太真外伝《ようたいしんがいでん》』をはじめとして、同じ唐に陳鴻《ちんこう》の小説『長恨歌伝』、白仁甫《はくじんぽ》の元曲《げんきょく》『梧桐雨《ごどうう》』、明《みん》の呉世美《ごせいび》の戯曲『驚鴻記《きょうこうき》』、清《しん》に入ると有名な洪《こう》昇《しょう》の戯曲『長生殿《ちょうせいでん》』とつづき、井上靖《いのうえやすし》の『楊貴妃伝』まで入れたら、これまた枚挙にいとまがない。

しかしすでに引用してきた白楽天の『長恨歌《ちょうごんか》』の右に出るものはなかろう。この長詩全部を紹介するスペースはないが、ことに圧巻《あっかん》は後半の玄宗の傷心にあって、

春風桃李《しゅんぷうとうり》　花開くの日
秋雨梧桐《しゅううごどう》　葉落つるの時

楊貴妃への回憶絶ちがたく、玄宗はひとり悄然《しょうぜん》として日を過ごす。

夕殿《せきでん》　螢飛んで　思い悄然
孤燈《ことう》　挑《かか》げ尽くして　いまだ眠りをなさず

ついに仙界に楊貴妃の魂をもとめて、幻想の世界に入る。そして仙女となった楊貴妃とめぐり会って、

天にありては願わくは　比翼《ひよく》の鳥となり
地にありては願わくは　連理《れんり》の枝とならん

と詠《うた》いあげる。

「比翼の鳥」とは、雌雄《しゆう》とも一目、一翼、合して一体とならねば飛べぬ鳥である。「連理の枝」とは、根も幹も別ながら、枝が一つにくっついている木である。いずれも古書に見えるものではあるが、白楽天の詩句に入って、玄宗と楊貴妃の情事の終幕にこれほど適切な措辞《そじ》はなかろうと思う。

西施《せいし》

『西施《せいし》』は「西子《せいし》」とも書くが、とかく古来美の象徴《しょうちょう》のようにいわれ、あの美景で知られる杭州《こうしゅう》の西湖を、西子湖《せいしこ》ともいう。しかしこの美たるや、いわば女性的であって、楊貴妃のように向こうからぶつかってくるような才気などはなく、呉越《ごえつ》の争いに登場するヒロインにはちがいないが、いつも受け身な女である。病身というのではないが、胃かなにかこわしていて、小柄な、案外堅肥《かたぶと》りな女性だったのではないかと想像される。

『荀子《じゅんし》』は「美人を好むが、西施を悪《にく》む」といっているが、実は逆説で、そんな好みかたはいけない、「美人を好むなら、西施を悪む道理がない」ということだ。それほど『西施』というのは、かわいい、という部類の女性であったろうと思われる。

『西施』は春秋《しゅんじゅう》の越《えつ》の諸曁《しょき》（浙江《せっこう》省諸曁県）の苧羅《ちょら》村に住んでいた、薪《たき》売りの女だったという。したがって教養はなかったので、礼儀作法から歩き方まで教え、范蠡《はんれい》を使者として、呉《ご》王夫差《ふさ》に献じたという。会稽《かいけい》に敗れて以後の越《えつ》王句践《こうせん》の苦肉の策に一役買ったわけである。呉王夫差が色を好む、ということから、この美女西施を送り、その色香に迷わせておいて、句践は会稽の恥を雪《そそ》ごうとしたのだ。しかしその魂胆《こんたん》を西施はいったい知らされていたかどうか。おそらくは知っていなかったのではないかと思う。それほど手練手管《てれんてくだ》を心得た女だったとは思えない。しかし范蠡というのは相当な人物、一説にはすでに西施と范蠡とは関係があって、のち呉が亡びたとき、ふたたび范蠡と手に手をとって、五湖《ごこ》に浮かんで去る、ともいわれる。でもそこまでいうと、どうも一般の西施のイメージをこわしそうだが、ともかく呉では伍子胥《ごししょ》の諫言《かんげん》もいれずに、夫差《ふさ》は案の定西施に溺《おぼ》れた。そして越王句践が『臥薪嘗胆《がしんしょうたん》』（常用成語篇同項参照）の結果呉《ご》を破ったあと、西施の行方《ゆくえ》はさだかでない、そういっておいた方がいいかも知れない。

『西施』が美人だったということから、この名をかぶせた言葉が多い。「西施舌《せいしぜつ》」とは貝の名、「西施乳《せいしにゅう》」とは河豚《ふぐ》の異名、「西施粉《せいしふん》」「西施暁妝《せいしぎょうしょう》」はみな菊の花の品種《ひんしゅ》。

『西施』にまつわる言葉で、とくに有名なのは『効顰《こうひん》』であろう。

西施が鬱病《うつびょう》で郷里にかえったとき、眉を顰《ひそ》めている風情《ふぜい》がなんともいえず美しかったので、村でいちばん器量の悪い女がそのまねをして、眉を顰《ひそ》めたところ、それを見て、村の金持ちは門をかたく閉じて出て来ず、貧乏人は妻子をつれて逃げ出してしまったという。

（『荘子《そうじ》』天運篇《てんうん》）

これは孔子の儒家思想をまねたらこうなるという、荘子の皮肉なのだが、ここから『顰《ひそ》みに効《なら》う』という言葉が生まれた。西施のまねをした女は、東施《とうし》だともいうが、だんだん尾鰭《おひれ》がつくものだ。
当然詩句に入るものは多いが、最後に唐詩を二つ紹介して、『西施』と別れよう。

烏棲曲《うせいきょく》

姑蘇台上《こそだいじょう》　烏棲《からすす》む時
呉王の宮裏に　西施を酔わしむ
呉歌《ごか》　楚舞《そぶ》　歓《よろこ》びいまだ　畢《おわ》らざるに
青山銜《せいざんふく》まんと欲す　半辺《はんぺん》の日
銀箭金壺《ぎんせんきんこ》　漏水《ろうすい》多し
起《た》ちて看れば　秋月は江波《こうは》に墜《お》ち
東方ようやく高し　楽しみを奈何《いかん》せん

（呉王夫差が西施のために築《きず》いた姑蘇台《こそだい》の上を、カラスがねぐらへかえるころ、呉王の宮殿では酒宴がたけなわ、やっと西施が酔ってくれた。呉の国の歌や、楚の国の舞など、歓楽は尽きないのに、もう青山が日輪を半分かくす時間になってしまった。それから夜宴にうつったが、銀の矢、金の壺の水時計《みずどけい》の水もたくさんこぼれているので、ふと立ち上がってみると、秋の月が揚子江の波に落ち、東の空がようやく白みはじめている。この楽しみをどうしたらよかろ

う）〔唐の李《り》白《はく》〕

西施石《せいしせき》
西施　昔日《せきじつ》　浣紗《かんしゃ》の津《しん》
石上の青苔《せいたい》　人を思殺《しさつ》す
一たび姑蘇《こそ》に去って　また返らず
岸傍《がんぼう》の桃李《とうり》　誰《た》がためにか春

（西施がむかし紗《しゃ》をさらしていたころの渡し場の、砧《きぬた》にした石には青苔が生《は》えて、見る人の感慨をさそう。西施は一たん呉王の都へいってから、もう二度とはここへ帰らなかった。岸辺に咲く桃の花は、毎年誰のために春の色を見せているのであろう）〔唐の楼穎《ろうえい》〕

西施は紗をさらす仕事などもしていたといわれ、「浣紗渓《かんしゃけい》」というと若耶渓《じゃくやけい》の別名、いま浙江省《せっこう》紹興《しょうこう》県の南にあるが、これまた後托《こうたく》であろう。そういえば明《みん》の梁辰魚《りょうしんぎょ》に戯曲『浣紗記《かんしゃき》』があって、范蠡と西施の事を描くが、あまり西施を人間くさくしないうちに筆をとどめる。

卓文君《たくぶんくん》

『卓文君《たくぶんくん》』という女性については、日本ではあまり親しみがないようだが、中国では案外人気がある。ことに近代に入ってから、イプセンなどが紹介されて、女性解放の機運が出てくると、中国のノラ式な卓文君の生き方に共鳴があったのかも知れない。

漢の司馬相如《しばしようじよ》は、四川《しせん》省の成都《せいと》の人で、あざなを長卿《ちようけい》といった。幼いころから読書を好んだが、学業を終えると、藺相如《りんしようじよ》（常用成語篇『完璧《かんぺき》』参照）の人柄《ひとがら》を慕って、名を相如と改めた。景帝《けいてい》のとき武騎常侍《ぶきじようじ》と称する騎馬の侍従官になったが、心に染まず、病気と称して辞職し、梁《りよう》に遊歴《ゆうれき》した。梁の孝《こう》王のもとで、遊歴の士たちと数年間を過ごし、見聞をひろめたが、たまたま梁の孝王の死に遭い、故郷へもどった。しかし多年の遊歴で貧困に陥《おちい》り、つくべき生業《せいぎよう》もなかった。

相如はもとから臨邛《りんきよう》県の県令王吉《おうきつ》と親しかったが、

「久しく官を求めて郷里を離れていたようだが、栄達できなかったようだね。わたしを訪ねてきたらどうだ」

といわれ、出かけていって臨邛城下の駅亭《えきてい》に宿をとった。

臨邛の県令は故意にへりくだった態度で、毎日のように相如をたずねる。はじめのうちは相如も会っていたが、のちには病気と称してことわると、県令はいよいよ恭敬《きょうけい》を示す。

臨邛には富豪が多かったが、なかでも卓王孫《たくおうそん》は、奴僕《ぬぼく》が八百人もいるという大金持ちであった。

「県令のところに貴賓《きひん》が来ている」

というので、卓王孫が酒食をととのえ、県令ともども相如を招待した。病と称してことわった相如を、県令みずから迎えにいって、相如が宴席にのぞむと、数百人も集まっていた客たちが、珍しそうに相如の風貌《ふうぼう》をながめるのだった。宴たけなわのころ、県令が、

「ひそかに聞くところによりますと、あなたは琴の上手《じょうず》とのこと、どうぞ一曲」

とすすめる。相如は一応ことわったが、ついに曲を奏《かな》でる。

この卓《たく》家には文君《ぶんくん》という娘があり、寡婦《かふ》になったばかり、大の音楽好きであった。

その後卓王孫の邸へ相如が赴《おもむ》くたびに、文君はひそかに戸の隙間から相如をうかがう。

相如もそれを知って、琴歌《きんか》に托してこれに挑《いど》む。

『琴心《きんしん》をもって挑《いど》む』というのはここから出た。「心を琴の音に托して、女の気を引く」こと、今様《いまよう》にいえば、ギターか何かでムードを出すことである。しかもその「琴歌《きんか》」たるや、現代も顔負けするほど直接的である。

鳳《ほう》や　鳳《ほう》や　故郷に帰る
四海を遨遊《ごうゆう》せんと　其の凰《おう》を求む
時にいまだ通遇《つうぐう》せず　将《たす》くる所なし
何ぞ悟《さと》らん　今夕斯《こ》の堂に升《のぼ》れば
艶なる淑女《しゅくじょ》ありて　此方《こなた》に在り
室邇《ちか》く人遐《とお》く　独りわれ傷《いた》む
何に縁《よ》りて　頸《くび》を交《まじ》えて鴛鴦《えんおう》とならん

凰《おう》よ　凰《おう》よ　我に従いて棲《す》み
孳尾《じび》(交接して子を生むこと)に托して　永く妃《ひ》となすを得《え》
情《じょう》を交《かわ》し　体を通じ　心和諧《わかい》し
中夜相従《ちゅうやあいしたが》うも　知る者は誰ぞ
双《なら》び興《お》きて　倶《とも》に起《た》ち　翻《ひるがえ》りて高く飛ばんに
わが心を感ずるなく　われを悲しましむ

卓文君も出もどり女、こう挑まれては反応のないわけはない。夜に乗じて家を出て、相如のもとへ奔《はし》った。それから手に手をとって成都へもどる。しかし相如は極貧《ごくひん》の身、二人の生活は立たない。二人のためにとりなしてくれるものもいたが、

「あんな愚かな娘には、一文だって分けてやるものか」

と、卓王孫はえらい立腹。

「ともかく臨邛へ行って、どうにかしましょう」

と文君は相如をうながし、持ち物すべてを売り払って酒屋を一軒買い入れ、酒を売った。文君は酒の売り場を担当し、相如は犢鼻褌《ふんどし》一つになって下働き。

中国語に「当炉女《タンルーニュイ》」という言葉があるが、ここから出ている。「炉《ろ》」とは「酒の燗《かん》をするところ」から転じて、今のカウンター、その向こうにいるから、「当炉女」は「ホステス」である。

文君がホステスをやっていると聞いて、卓王孫は驚きかつ恥じた。そしてついに折れて、奴僕百人、銭百万、その他の財物を分け与えた。一躍彼らは田宅を買い入れて富豪となり、武《ぶ》帝のとき召されてついに郎官《ろうかん》となる。また賦《ふ》に秀《ひい》でて、『子虚《しきょ》』、『上林《じょうりん》』、『大人《たいじん》』など、漢魏六朝《かんぎりくちょう》の文人の模範となった。（『史記』司馬相如《しばしょうじょ》列伝）

このように『卓文君』は、駆け落ち第一号、ホステス第一号、ノラどころではない。儒教道徳からいえば、大へんにけしからぬ女ではある。しかしそれだけ、当時の封建社会で、

彼女の発揮した勇気は、驚くべきものであったろう。

姮《こう》娥《が》

『姮娥《こうが》』は「月の異名」または「月の世界にいる美女」というが、もと羿《げい》の妻の名である。のちに漢の文帝の名が「恒《こう》」であったので、改めて「嫦《こう》」を用いたが、「嫦《じょう》」とも読むため、『嫦娥《じょうが》』とも読まれているが、『嫦娥《こうが》』が正しい。

「羿《げい》」とはあまりお目にかからない字だが、羽で風をうって舞い上がるという意。この羿は堯《ぎょう》の時代の弓の名人である。

堯の時代に、空に十個の太陽が出て、農作物は焦《こ》げるし、草木は死ぬしで、食物がなくなり、加うるに猛禽《もうきん》、怪獣、毒蛇などが横行して、人民を害したので、堯は羿に命じて、九個の太陽を射落《いお》とし、猛禽《もうきん》、怪獣、毒蛇を射殺《いころ》させた。（『淮南子《えなんじ》』本経篇《ほんけいへん》）

その羿が、不死の薬を西王母《せいおうぼ》に請い、姮娥がそれを窃《ぬす》んで、月宮に奔《はし》る（『淮南子』覧冥《らんめい》篇）。

「西王母《せいおうぼ》」というのは、中国古典によく登場するが、古代の仙人の名で、崑崙山《こんろんざん》に住んでいたといわれる。周《しゅう》の穆《ぼく》王が西征した折に、西王母を迎えて瑤池《ようち》で宴を催したとか、漢の武《ぶ》帝が、西王母から仙桃《せんとう》三個をもらったとか（『陔余叢考《がいよそうこう》』）まことしやかな記録があるが、所詮は伝説の世界のこと。三羽の鳥が食物をはこんで、洞窟《どうくつ》に住み、その名前からは、「おばちゃん」という感じだし、『三才図会《さんさいずえ》』の絵でも女のようだが、本来疫病と刑罰をつかさどる怪神で、人間の形に、豹《ひょう》の尾と虎の牙《きば》、蓬髪《ほうはつ》で、嘯《うそぶ》くような叫び声を上げたというから、男女の区別などなかったのだろう。

ともかく羿はその仙人西王母から不死の薬を手に入れたが、妻の姮娥がこれを偸《ぬす》んで飲んでしまうと、そのからだは次第に軽くなって、天へと登りつづけていった。

しかし月宮についた姮娥は、蟾蜍《ひきがえる》になった（『後漢書《ごかんじょ》』天文志注《てんもんし》）ともいう。

ここで神話の世界に、人間臭い想像をでっち上げる。実は人間界の災禍を救わせるために天帝は、羿とその妻姮娥を下界によこしたのだ。十個の太陽とは、天帝の十人の息子、一つ一つ代り番に出ていればいいのに、みんな顔を出して下界をいじめた悪戯《いたずら》を、手加減して懲《こ》らしめてほしかっただけなのに、羿は九人まで射殺した。その罪で天に帰ることのできなくなった羿の、この世での放浪がはじまる。

姮娥はしかし天上にもどりたかった。羿との仲がこじれたのも無理はない。

まだ酒の発明はなかったころだから、羿はただ原野をさまよい、狩猟《しゅりょう》に明けくれた。そのとき幸か不幸か、洛水の女神宓妃《ふくひ》に会った。宓妃はかつての帝王伏羲《ふくぎ》の娘、洛水に死し、洛神《らくしん》となったという有名な美人、楚《そ》の屈原《くつげん》の『離騒《りそう》』、魏《ぎ》の曹植《そうしょく》の『洛神賦《らくしんのふ》』に詠《うた》われている。

宓妃は放蕩者《ほうとう》の河伯《かはく》の妻だったが、英雄羿《げい》に惹《ひ》かれた。しかし夫のある女と、妻のある男、この愛情は成就《じょうじゅ》せず、羿は家にもどって妻の姮娥と、よりはもどしたものの、有限のこの世の、時の流れに堪えきれず、不死の薬をもとめ、西王母をたずねて崑崙《こんろん》に入る。

そしてようやくもとめ得た不死の薬を、偸んでひとり飲んだ姮娥は、月宮へのぼったとたん、醜い蟾蜍《ひきがえる》にされるのである。

常娥《じょうが》（唐の李商隠《りしょういん》）
雲母《うんも》の屛風《びょうぶ》　燭影《しょくえい》深し
長河《ちょうが》　ようやく落ち　暁星《ぎょうせい》沈む
常娥《じょうが》まさに悔《く》ゆべし　霊薬《れいやく》を偸《ぬす》みしを
碧海《へきかい》　青天《せいてん》　夜々《よよ》の心《こころ》

（雲母《うんも》を貼った屛風に、蠟燭《ろうそく》の影が深い
天《あま》の川は次第にかたむき、暁の星も消えてゆく
常娥は不死の薬を偸んだことを悔いていよう
そして青い大空で、夜毎夜毎《よごとよごと》、傷心しているにちがいない）

この詩は、裏切った女を、姮娥に托して恨みを述べているのだが、せめて詩の世界では姮娥をひきがえるにはしたくない。しかし姮娥はなんといっても過去のある女、冷たい美人だ。したがって寂寥《せきりょう》をともなうのは致しかたあるまい。

酒を把《と》って月に問う（李白《りはく》）

青天に月ありてより幾時《いくとき》ぞ
われいま杯を停《と》めて　一たびこれに問う
人は明月に攀《よ》ずること得《う》べからず
月行《げっこう》かえって人と相随《あいしたが》う
皎《こう》として飛鏡《ひきょう》の丹闕《たんけつ》に臨むがごとく
緑煙滅《りょくえんめつ》し尽くして　清輝《せいき》発す
ただ見る　宵に海上より来《きた》るを
なんぞ知らん　暁に雲間《うんかん》に向かって没するを
白兎《はくと》　薬を擣《つ》きて　秋また春
嫦娥《こうが》　孤《ひと》り棲《す》みて　誰と鄰《となり》す
今人《こんじん》は見ず　古時の月

今の月かつて　古人を照らす
古人今人　流水のごときも
共《とも》に明月を看《み》る　みなかくのごとし
ただ願う歌に当《あた》り酒に対するの時
月光とこしえに金樽の裏《うち》を照らさんことを

（空に月があってから、どのくらいになるのですか、わたしはいま杯とる手をとめて、おたずねする。人はあなたによじ登ることは不可能だが、お月さまは、人が歩くとどこまでもついてきてくれる。

まっ白に輝いて、空飛ぶ鏡が、仙人の住む宮殿にさしかかり、緑のうすもやが消えて清光を放つ。夜の月が海上からのぼってくるのを、誰もが見るが、明けがた雲の間に没していくのは、誰も知らない。秋も、また春も、白い兎が仙薬を擣《つ》いている。嫦娥はひとりぼっちで、隣には誰もいず、淋《さび》しそうだ。

いまの人は昔の月は見られない。だがいまの月はずっと昔から、人々を照らしつづけてきた。昔の人、いまの人、まるで流れる水のように変わっていく。だが昔もいまも、明月をながめて思いにふける。

ただ、お月さま、たった一つお願いがある。われわれが歌を唱《うた》い酒を飲むときには、酒樽の中

〈いつも月光をさしこんでいただきたい〉

織《しょく》 女《じょ》

『織女《しょくじょ》』は字の通り「機《はた》を織る女」だが、星の名、つまり「織女星」の方が通りがいい。天の河の東側に住んでいて、陰暦の七月七日の夜、天の河を渡って、牽牛《けんぎゅう》に会いにゆく。牽牛が彦星《ひこぼし》、織女が棚機《たなばた》、よって「七夕《しちせき》」を「たなばた」という。その夜、天の河に、鵲《かささぎ》が翼をつらねて橋をつくり、織女がそれを渡る。「かささぎの渡せる橋」である。のちに宮殿の階《きざはし》をいうようになった。中納言家持《やかもち》の「かささぎの渡せる橋におく霜の、しろきを見れば夜ぞ更《ふ》けにける」はこの階《きざはし》においた霜である。

さて『織女』といえば、すぐに「七夕《たなばた》」を思う。むかしほど盛大でなくとも、その時期になるといまでも、七夕祭が各地で行なわれるようだ。

七夕《しちせき》、婦女は綵縷《さいろう》を結んで七孔の鍼《はり》に穿《うが》ち、あるいは金銀鍮《ゆ》石《せき》をもって、鍼となし、瓜《か》果《か》を庭中に陳《なら》べて、もって巧《こう》を乞《こ》う。(『荊楚《けいそ》歳時記《さいじき》』)

つまり婦女が美しい紙だの糸だのを捧げて裁縫の上達をお願いした。それで七夕祭を「乞巧奠《きっこうでん》」ともいう。これはやはり『織女』を「おりひめ」とすることから来ているのであろう。手芸の技術はたしかに素晴らしかったらしく、その傑作が『天衣無縫《てんいむほう》』で、これをいま「全裸」に使うのはもってのほかである。

郭翰《かくかん》という男が、ある夏の夜のこと、あまり暑いので庭で寝ていて、ふと空を見上げると、ふわふわと人が降りてくる。それは美しい女であった。

「あなたは一体誰なのですか」

「わたくしは織女です」

とその美人は答えた。身にまとっているものも美しい。しかしその衣には縫い目が一つもなかった。郭翰がたずねると、織女はいった。

「天衣《てんい》というものは、もともと針や糸など使いませんもの」（『霊怪録《れいかいろく》』）

『織女』は天帝の娘だが、こうして立派な天衣を織りつづけたので、その独り身の淋《さび》しさを思い遣《や》り、天の河の西の牽牛郎《けんぎゅうろう》に娶《めあ》わしたところ、すっかり機を織ることをやめてしまったので、天帝は怒って、一年に一度しか会わせないことにしたのだそうだ。（『荊楚《けいそ》歳時《さいじ》記《き》』）

『織女』にまつわる話もきわめて多いが、裁縫こそうまくても、どうも落ちつきのない女で、ふらふらと下界へ降《くだ》ってみたり、男を知ると仕事など忘れてしまったり、節操のない人妻のように思われがちであるけれど、実はそうではない、という話が、明《みん》の『剪燈新《せんとうしん》話《わ》』に載《の》っている。

時は元《げん》の時代、野人《やじん》の成令言《せいれいげん》が、浙江省《せっこう》の紹興《しょうこう》の南にある鑑湖《かんこ》で小舟に乗り、漕《こ》ぎまわるうちにいつか天界に遊び、織女に会い、下界での織女に関する誤解を訂正するように頼まれる話である。

「わたくしは天帝の孫、農業をつかさどる天田星《てんでんせい》の娘です。生まれてから貞淑な女性として、群れを離れて独り暮らし。それを何ということでしょう、下界では何もわからぬくせに、愚かな民どもはたわけたことを好みますもの、七夕の密会などという話をつくり出し、牽牛の妻だなどと申して、この純潔な節操を辱《はずかし》めております。その源《みなもと》になるのは、あのでたらめばかり書いた『斉諧《せいかい》』、それを煽《あお》って伝えたのは『荊楚歳時記』の根も葉もない話、これをこじつけて宣伝したのが唐の柳宗元の『乞巧《きっこう》の文』、それを誇張したのが宋《そう》の張文《ちょうぶん》潜《せん》の『七夕歌』。これらに類似したものがたくさんありまして、全く神の尊厳を傷つけてはばからぬものです」（『剪燈新話』鑑湖夜泛記《かんこやへんき》）

どうも真相のほどは解ろうはずもないが、冷たい月宮殿でひとりねをかこつ姮娥《こうが》よりも、年に一回でもきまって旦那《だんな》に会える織女の方が、やはり仕合わせだということになりそうである。

飛《ひ》燕《えん》

『飛《ひ》燕《えん》』は漢の成《せい》帝の趙《ちょう》皇后の号。もと長《ちょう》安《あん》の生まれで、宮女であったのが、身が軽く舞《まい》の名手で、まるで飛ぶ燕《つばめ》のようであったから、帝に見出されて出世した。美人といっても楊貴妃とは対照的に、こちらは痩《や》せて細いが、肉はしまっていてスタイルは抜群であったろう。筆者はかつて中国煙草《たばこ》に入っていたカードの絵を見たことがあるが、コップの縁《へり》で踊っていた。飛燕は「体軽腰弱《たいけいようじゃく》」とあるが、妹の合徳《ごうとく》は「弱骨豊肌《じゃくこつほうき》」と書いてあり（『西《せい》京雑記《けいざっき》』）、合徳は話術が巧みで、姉妹そろって成帝の寵《ちょう》を受けたらしい。

しかし姉妹とはいえ女は女、この二人はその寵を争ったという話が『飛燕外伝《ひえんがいでん》』にある。この書の作者はよく分からぬが、漢時代のものであろう。唐には『飛燕遺事《ひえんいじ》』という小説もあり、飛燕もまた楊貴妃と対照的な美人として、詩文の好材料になっている。

ここでは李白《りはく》の『清平調詞《せいへいちょうし》』之二を紹介しておこう。

一枝《いっし》の穠艶《じょうえん》　露《つゆ》　香《こう》を凝《こ》らす
雲雨《うんう》　巫山《ふざん》　枉《ま》げて断腸《だんちょう》

借問《しゃもん》す　漢宮　誰《た》が似るを得たる
可憐《かれん》の飛燕　新粧《しんしょう》に倚《よ》る

（一枝の濃艶《のうえん》な牡丹《ぼたん》が、露を帯び芳香をはなっている。楚《そ》の懐《かい》王が高唐《こうとう》に遊び、夢に巫山《ふざん》の神女と交《まじ》わる。別れる時に神女が「旦《あした》には朝雲《ちょううん》となり、暮には行雨《こうう》となる、朝々暮々陽台《ようだい》の下《もと》」といったという。その神女の美しさ、忘れようとしても忘れることはできない。夢さめてなお狂おしく思い起こすその情事、ただただ断腸の思いがする。さて漢の後宮《こうきゅう》には美人は多かったが、この色気はありながらしっとりと匂《にお》う美しさは、誰に比したらいいのか。それは趙飛燕《ちょうひえん》以外にないが、それも化粧したばかりという風情《ふぜい》でなければだめだ）

真《しん》　真《しん》

『真真《しんしん》』というのは「絵から抜け出た美女」をいう。「絵から抜け出たような美人だね」というのも実は出処があるのである。その女の名が『真真』。

唐の官吏試験に合格した趙顔《ちょうがん》という進士《しんし》、官吏試験で進士ともなればもう将来は保証される。一応ほっとしてみると、やはり欲するのは美しい配偶《はいぐう》者だ。そしてある画家のところで手に入れた軟障《なんしょう》、軟障というのは屏風《びょうぶ》のようなものだが、自由に巻いたり、拡《ひろ》げたりでき、移動も可能な帷《とばり》である。それに描かれた女性の美しさに、ついうっとりとさせられた。

「もしこの女が生きたとしたら、妻にしたいものだ」

と趙顔がいうと、画家が答えてこういった。

「これはわたしが精魂こめて描いたもの、名前もちゃんとあって、真真といいます。昼も夜も、彼女の名前を呼んで、百ぺんに達すれば、必ず反応があります。反応があったら、百家彩灰酒《ひゃっかさいかいしゅ》を注げば、かならず活きます」

だがこの百家彩灰酒がわからない。唐の人は、赤酒、甜《てん》酒、灰酒を喜んだが、解くべからず（『老学菴筆記《ろうがくあんひっき》』）とあるが、どぶろくみたいなものか。しかしこの百家彩灰酒がわかったら、モナ・リザでもなんでもみんな活きかえるから大変、わからない方がいいかも知れぬ。

ともかく趙顔がその通りに百ぺん呼ぶと反応があり、それに酒を注ぐと、果たして画から抜け出し、この世の女とすこしも変わらず、夫婦の仲も睦《むつ》まじく、その年の終わりには一子をもうけた。

その翌《あく》る年、そのことを知った友人がいうには、

「きみ、それは妖怪《ようかい》だよ。ぼくが神剣をもっているから、思いきって斬りすてるべきだ」

趙顔がその剣をもって家へかえると、真真はすぐに感づいた様子で、こういった。

「わたくしは南嶽《なんがく》の神女です。いまあなたはわたくしを疑っていらっしゃる。疑われてはもうわたくしもここにいるわけにはまいりません」

いい終わると、子供を抱いて、軟障にのぼり、酒を嘔吐《おうと》した。とみると軟障にもとの絵となっておさまったが、絵の女はちゃんと子供を抱いていたという。(『松窗雑記《しょうそうざつき》』)

この話、荒唐無稽《こうとうむけい》な神怪譚《たん》ではなくて、えもいわれぬ人間味を蔵しているような気がする。『真真』つまり「真実だ」「信じている」と百回も、昼夜を分かたずに呼びかけられれば、心動かぬ女はないであろう。それなのに、この世の常識とやらは、彼女を疑った。そして『真真』は画中にもどったが、彼女はもとの真真ではない。すでに母親になっている。それを毎日見せつけられる男、趙顔の気持ちはどうであったろう。どんなに美しい顔をしていても、女とは恐ろしいものである。

聶《じよう》嫈《えい》

『聶嫈《じようえい》』とはどうもむずかしい字だし、「女」という字は入っているが、はたして美人であったかどうか。記録にあるのは「烈女《れつじよ》」（『戦国策《せんごくさく》』韓《かん》策）とか「賢姉《けんし》」（『史記《しき》』刺客《しかく》列伝）だけである。

戦国の世の、刺客《しかく》といえば、いわば現今の殺し屋である。

聶政《じようせい》という男があった。魏《ぎ》国のある町の出身だが、人を殺して仇《かたき》を避け、斉《せい》にのがれ、屠場《とじよう》で働いて、母と姉を養っていた。

韓《かん》の大臣の厳遂《げんすい》が、宰相の韓傀《かんかい》（『史記』では俠累《きようるい》）と仲違《なかたが》いして、その誅殺《ちゆうさつ》をおそれて出奔したが、韓傀に報復してもらう人物をさがして諸国を転々とした。斉にきて聶政を知り、その義俠《ぎきよう》の士であることを見ぬいて、その家を訪ね、その母に黄金百両を捧げて長寿を祝った。そのあとで厳遂は、自分に仇のあることを打ち明けたが、

「たとえ貧乏でも、いまは親を養うには事欠かない。このままで満足なのです。老母がこの世にいるかぎり、この命を人にさしあげることはできません」

と聶政はいった。

「あなたは高義の士ときいて、交際を願いたかっただけ。いまべつに下心はないから」

と厳遂はいったが、聶政はどうしても百金を受けとろうとはしなかった。

それからかなりの月日が経って、聶政の母は大往生《だいおうじょう》をとげた。葬式もすみ、喪服をぬぐと、聶政は思い出した。一介の市井の無頼に、一国の大臣であった人間が、礼を尽くして頼みこんだことを。

「義侠の士と、自分を知ってくれた人の為に死のう」

こうして聶政は衛《えい》の都にいた厳遂をたずね、彼の仇の名が韓の宰相韓傀であるときいて、単身韓国へのりこんで、韓傀を刺殺する。もちろんすっかり包囲された中で、聶政はわれとわが面皮を剝《は》ぎ、眼をくりぬき、腹を裂いて死んだ。

韓ではこれを市《いち》にさらし、千金の賞金をかけたが、どこの誰か知る者はなかった。すると聶政の姉の聶嫈がそれを聞き、

「弟はすぐれた人物、きっとわたしの身をいとおしんで、禍《わざわい》をかけまいとしているのだ」

そう考えてはるばると韓の地へおもむき、屍《しかばね》を見ればたしかに弟の聶政。姉はこの勇ましく、意気と矜持《ほこり》の壮《さか》んな弟の名の埋れることを惜しんで、屍をかかえ、声をはり上げて叫んだ。

「これはわたしの弟、魏《ぎ》の聶政です」

そして弟の傍で自害して果てたという。

この話は『史記』にも『戦国策』にも出ていて、少々異同があるが、話としては後者の方がまとまっている。真偽のほどは別として、『戦国策』の方が厳遂の出奔の理由も詳しく必然性がある。『史記』には姉の聶嫈がすでに結婚していたとあり、聶政に関しての冗《じょう》舌《ぜつ》もかえって冗慢を感じさせる。そんなに理屈をいうんなら、姉の夫《おっと》に対してはどうなのか、といいたくなる。聶政の名前を今日まで残すために、累《るい》を蒙《こうむ》って、自分は自害するからいいが、夫は一体どうしたのか、その名前さえわからない。

しかしそんな詮索《せんさく》は、ここではやはり無意味かも知れぬ。ここに聶嫈を加えたのは、この女性の真の勇気を買ったからだ。戦国という殺伐な世の中だったから、こういう殺伐な女も出たのだろうが、聶嫈の場合は、現世のように頭にきて、やみくもに突っ走ったのではない。また肉親への愛情というようなありふれた考えからでもない。義に立ち上がった弟の名、戦国の世だからこそそれが埋れるのを惜しんだのだろう。死を覚悟で、韓へのりこんだ。うまくいけば生きられるかも知れない、そんなけちなのぞみはなかった。従容《しょうよう》として、目的を遂げて死んだ。美は容貌《ようぼう》だけではあるまい。何か凄惨な美を感じさせる女ではある。

情愛篇

琴瑟《きんしつ》の和《わ》

『琴瑟《きんしつ》』の「琴《きん》」には一絃《げん》、五絃、七絃などがあり、「瑟《しつ》」には十五絃、二十五絃、五十絃などがあるそうだから、琴《こと》よりも大きいのが瑟で、その形は絵にもあるが、どんな音を出すものか、筆者も聞いたことがない。しかしこの琴と瑟とは、非常にハーモニーするのだそうである。それで『琴瑟の和』というと、「男と女の調和」すなわち「夫婦の和合《わごう》」ということに使われる。

妻子《さいし》好合《こうごう》すれば
琴瑟《きんしつ》を鼓《こ》するが如く
兄弟すでに翕《あつま》れば
和楽《わらく》かつ湛《たの》しむ（『詩経《しきょう》』小雅《しょうが》、常棣《じょうてい》）

葛《かつ》を種《う》う　南山《なんざん》の下《もと》
葛《かつ》は蔓《つる》のばし　おのずから陰《いん》をなす

君とはじめて婚《こん》せしとき
結髪《けっぱつ》　恩義《おんぎ》ふかし
歓愛《かんあい》　枕席《ちんせき》にあり
宿昔《しゅくせき》　衣衾《いきん》を同じゅうす
窃《ひそ》かに棠棣《とうてい》の篇を慕《した》い
好楽《こうらく》　琴瑟和《わ》せり
行年《こうねん》　まさに晩暮《ばんぼ》ならんとして
佳人《かじん》　異心《いしん》を懐《いだ》く
恩紀《おんき》　曠《むな》しく接《せっ》せず
わが情ついに抑沈《よくちん》す（魏《ぎ》の曹植《そうしょく》『種葛《しゅかつ》篇』）

（葛《くず》を南の山の麓《ふもと》に植えると、蔓をのばしてひとりでに陰《かげ》をつくるようになった。わたしがはじめて結婚したのは、結髪、すなわち十五歳のときで、夫婦の愛情も深かった。枕を交《かわ》して愛し合い、夜毎に同衾《どうきん》したものです。そしてひそかに「棠棣《とうてい》の篇」を慕い、楽しみあって、琴瑟の和するようであった。「棠棣の篇」とは『詩経』の小雅《しょうが》の篇名、前出の「常棣《じょうてい》」に同じ。意味は「にわざくら」。この『詩経』の詩の和合団結を詠《うた》ったのを、愛誦《あいしょう》したのであろう。しかし年は過ぎていき、わたしも年をとると、夫《おっと》は心を他の女に移した。もう恩愛のちぎりも

ながいこと結ばれず、わたしの心は憂愁に沈んでしまった)

これはたまたま棄てられた妻の怨歌《えんか》になって「琴瑟不調《ふちょう》」ということになるが、ともかく「琴《こと》」と「瑟《おおごと》」の和《わ》するや否《いな》やで、夫婦の幸不幸が決《き》まるという。「秋風瑟々《しつしつ》」などと使われた場合、「瑟」は風の声なり、と字典にはある。これは中国音では「瑟々《ソウソウ》」、風の擬音《ぎおん》なのだろうが、「瑟」だけでは相和《あいわ》するものがなく、寂しいという意味もありそうである。

秋扇《しゅうせん》

『秋扇《しゅうせん》』といえば「秋の扇」にちがいないが、そのままで何か淋《さび》しい感じのする言葉である。だから

「月は秋扇の如《ごと》く
花は春雪かと疑う」(漢の元帝《げんてい》)

のようにたとえれば、秋の月のわびしさだし、扇は団扇《だんせん》なのである。

しかしよく「秋の扇のように忘れられる」というが、これは秋の季節に入って、暑中に

使われていた扇が使用済みになって捨てられるということから、「男に捨てられた女」を意味する。普通この出処《しゅっしょ》は、漢の班婕妤《はんしょうよ》の『怨歌行《えんかこう》』とされる。

新《あら》たに斉《せい》の紈素《がんそ》を裂《さ》けば
皎潔《きょうけつ》にして霜雪の如《ごと》し
裁《た》ちて合歓《ごうかん》の扇となせば
団々《だんだん》として明月に似たり
君が懐袖《かいしゅう》に出入《しゅつにゅう》し
動揺《どうよう》して微《び》風《ふう》を発す
常に恐る　秋節《しゅうせつ》の至りて
涼風　炎熱《えんねつ》を奪《うば》い
篋笥《きょうし》の中に棄《き》捐《えん》せられ
恩情《おんじょう》中道《ちゅうどう》に絶えんことを

（新しく斉《せい》国産の白絹を裂くと
潔白《けっぱく》で、まるで霜か雪か
それを裁《た》ち、夫婦和合の象徴《しょうちょう》といわれる合歓の団扇をつくったら

まるで満月のようだ
この扇は君の袖《そで》や懐《ふところ》に出入《でい》りして
動かすたびにそよ風が起こる
けれど心配なのは、やがて秋の季節がおとずれて
涼風が暑熱を追いはらうと
同時にわが身も箱の中に投げこまれ
君の情も中途で絶たれることだ）

班婕妤《はんしょうよ》の「婕妤」は女官名（美人篇『虞美人《ぐびじん》』参照）、これは漢の官僚の班況《はんきょう》の娘、詩に長じ、その才を愛されて成帝の婕妤となったが、のち退けられて、太后《たいこう》に侍《じ》して長信宮《ちょうしんきゅう》に居り、哀怨《あいえん》の賦をつくって感傷の生活を送ったという。この歌も、女色が衰えてかえりみられぬ女の歎《なげ》きを、秋扇にたとえて詠《うた》ったものである。

彼女実は趙飛燕《ちょうひえん》（美人篇『飛燕《ひえん》』参照）に讒言《ざんげん》され、その寵《ちょう》を奪われたというが、どうも才女は色気には恵まれぬもの、班婕妤も、帝が輦《こし》にいっしょに乗ろうといったら、はしたないといって拒絶している。そんな彼女だから、しなやかでスマートな飛燕の出現で、帝の心が移ったのであろう。

しかしこの『怨歌行』は、『秋扇』を詠《うた》って一語も「秋扇」を使わず、たしかに佳作と

思うが、のちにこれを下敷きにして、多くの詩歌が詠まれた。ここでは唐の王昌齢の『西《せい》宮《きゅう》秋《しゅう》怨《えん》の詩』を挙げておこう。

芙《ふ》蓉《よう》も及ばず　美人の妝《よそおい》
水殿　風来《きた》って　珠《しゅ》翠《すい》香《かん》し
却《かえ》って恨む　情を含んで秋扇を掩《おお》うを
空しく明月を懸《か》けて　君王を待つ

（水蓮《すいれん》の花の美しさもおよばぬほどの装いをこらした美人が水閣《すいかく》にいて、装具《そうぐ》の珠《たま》や翡《ひ》翠《すい》が、風に匂《にお》う。それが情の尽きぬまま秋扇のように捨て去られて、空に明月はあっても、ひとりむなしく、来るよしもない君を待っている）

細《さい》君《くん》

『細《さい》君《くん》』という名の女はむかし実際にいた。漢の「烏《う》孫《そん》公《こう》主《しゅ》」である。これは王《おう》建《けん》の娘で、武帝《ぶ》のときに西域《せいいき》の烏孫国へ嫁《とつ》がせられたから、王昭君《おうしょうくん》と似ているが、これは言語習慣の異《こと》なる国でやはり淋《さび》しく暮らした女性。しかし、ここでとり上げる『細君』は、「妻《つま》の称《しょう》」である。だがこれは自分の妻を称する場合と、他人の妻を称する場合と、両方ある。現在はどうも後者の方を多く使っているようだ。誰々の細君がどうのこうのと使うが、「これ、ぼくの細君です」とはあまりいわなくなった。奥がた、女房、家内、かみさん、とくると少々ジェネレーションが古くて、若い世代はもう英語を使って、「ぼくのワイフです」となる。

さて『細君』の出処だが、『漢書《かんじょ》』の「東方朔伝《とうぼうさく》」に出る。

東方朔という人は漢の武《ぶ》帝にかわいがられてその側近にいて、諧謔《かいぎゃく》、滑稽《こっけい》の言を駆使《くし》して、上手に諫言《かんげん》したという、遊説《ゆうぜい》の士とはちがうが、やはり舌三寸で名を残した人物である。

夏の盛りといわれる三伏《さんぷく》の日には、帝から臣下に肉を賜わる習慣があった。現今うなぎの蒲焼《かばや》きを食うようなものであろう。その肉を配ってくれる役人がなかなか来ないものだから、東方朔は剣をぬくとさっさと肉を切ってもち帰ってしまった。官吏がそのことを奏上したので、帝がよびつけて、詔を待たずに勝手に肉をもち帰ったのはどういうわけか、と問いただした。すると東方朔は冠をぬいで一礼してから、こう答えた。

「詔を待たず、勝手に肉を頂戴するとは、何たる無礼。剣をぬいて肉を切るとは、何たる壮烈。切った肉はほんのちょっぴり、何たる廉直。帰って細君に与えたとは、何たる仁愛」

そこで帝も笑い出し、

「自ら責めさせようと思ったら、かえって自らを褒《ほ》めるとは」

と、さらに酒一石、肉百斤を賜わったという。

東方朔の細君の名が『細君』であったという説もあるが、ともかくここでは奥さんに食べさせようという、「奥さん孝行《こうこう》」の意味に使ってある。またすでに「諸侯の夫人の称」として「小君《しょうくん》」という呼び方があって、これは『細君』と同じ、したがって東方朔が戯れて使用したのだともいう。もし戯れて呼んだのだとすれば、あるいは東方朔の奥さんは太っていたので、逆に『細君』と呼んで笑わせたのか。

月下氷人《げっかひょうじん》

『月下氷人《げっかひょうじん》』をつとめる、といえば、媒酌人《ばいしゃくにん》をつとめること。双方《そうほう》で仲人《なこうど》を立てる、ということもあるが、普通は相談ずくで一人を立てる。まあ一人といっても一組の夫婦だから、複数かも知れぬが、『月下氷人』たるものは、縁結びの神、「月下老」と「氷人」とを、くっつけた言葉である。

唐《とう》の韋固《いこ》という青年、まだ独身《どくしん》であったが、宋城《そうじょう》へ旅をした折、ふしぎな人間に会った。囊《ふくろ》によりかかって坐《すわ》り、月の光で書物を検《しら》べている。韋固がたずねると、

「天下の婚姻《こんいん》のことじゃ」

「では、その囊の中の赤い縄は何ですか」

「この赤い縄で夫婦の足をつなぐのじゃ。そうすれば、その男女がどんなに遠くに離れていようとも、あるいは仇同士《かたきどうし》の間柄《あいだがら》でも、結ばれるのじゃ。あなたのお嫁《よめ》さんはな、この宿場《しゅくば》の北で、野菜を売ってる陳《ちん》ばあさんの娘じゃよ」

と答えた。

それから十四年、韋固は相州《そうしゅう》で官吏になっていたが、そこの長官王泰《おうたい》の娘と婚約し、結婚した。その新妻《にいづま》はまだ若く、十六、七。ある日その身の上を打ち明けた。

「わたくしは、長官の養女なのです。父が宋城の役人のときに亡《な》くなって、まだ赤ん坊のわたくしを、乳母が野菜を売って養ってくれました」

この因縁話《いんねんばなし》をきいた宋城の長官が、その宿場を、「定婚店《ていこんてん》」と名づけたという。(『続玄《ぞくげん》怪録《かいろく》』)

令狐策《れいこさく》という男がこんな夢をみた。氷の上に立っていると、氷の下から声が聞こえて、氷下人と語り合ったという。その夢の話をきいて、索紞《さくたん》という、夢占《ゆめうらな》いに長じた男がいった。

「氷上は陽《よう》、氷下は陰《いん》、それは陰陽のこと、きみが氷上にあって、氷下の人と語るというのは、媒介《ばいかい》のこと、きみはきっと媒妁《ばいしゃく》をすることになろう、それも氷が解けたころだ」

たまたま太守《たいしゅ》の田豹《でんびょう》が、息子と張《ちょう》公の娘との結婚の媒妁を頼んできて、その婚礼は氷も解けた春のなかばに行なわれたという。（『晉書《しんじょ》』芸術伝《げいじゅつ》）

つまり「月下」だけ、「氷人」だけではだめで、この二つの話が合わさって「月下氷人」とならなければ、仲人はつとまらぬ、ということになる。またこの話から『赤縄《せきじょう》、足を繫《つな》ぐ』というと、「婚姻の定まる」意味だが、これは日本ではあまり使わないようである。

紅葉《こうよう》の媒《ばい》

『紅葉《こうよう》の媒《ばい》』とは、紅葉に詩を題して結婚の媒介をした故事から、『紅葉題詩《こうようだいし》』とか『紅葉良媒《りょうばい》』とかいって、媒妁《ばいしゃく》の意味に用うる。

この故事はすべて唐《とう》時代の話だが数種あって、徳《とく》宗のとき王才人《おうさいじん》という者の養女鳳児《ほうじ》が、紅葉に詩を題して御溝《ぎょこう》、すなわち宮中の濠《ほり》に流したものが、進士《しんし》の賈《か》全虚《ぜんきょ》に拾われたので、帝が二人を結ばせたというもの。

また宣《せん》宗のとき、舎人《しゃじん》の盧《ろ》渥《あく》がたまたま御溝で紅葉を拾うと、絶句が一首書いてあったので、箱の中へ蔵《しま》っておいた。のちに帝が宮女を民間に嫁すことを許したが、渥のところへ嫁入った宮女が、ちょうど紅葉に詩を題した女だったというもの。（『雲渓友議《うんけいゆうぎ》』）

しかしいちばんまとまっているのが于《う》祐《ゆう》と韓氏《かんし》の話である。（『青瑣《せいさ》高議《こうぎ》』）

僖《き》宗のとき、于祐が御溝で、詩を題した紅葉を拾った。

「流水《りゅうすい》　何ぞ太《はなは》だ急なる
深宮《しんきゅう》　尽日《じんじつ》　閑《しずか》なり
殷勤《いんぎん》として　紅葉に謝《しゃ》す
好《よろ》しく去《ゆ》きて　人間《じんかん》に到れ」

于祐も紅葉に詩を題して流した。

「曾《かつ》て聞く　葉上　紅怨《こうえん》を題すと
葉上　詩を題して　誰にか寄せん」

その後、帝が三千人の宮女を解放し、于祐は韓氏を娶《めと》ったが、紅葉の詩を見せ合うと、おたがいの書いたもの。二人はその奇縁をよろこび、媒介をしてくれた紅葉に謝して酒宴を催し、韓氏が良媒の詩を詠《よ》んだという。

「一聯《いちれん》の佳句《かく》流水に随《したが》い
十載《じっさい》の幽思《ゆうし》　素懐《そかい》に満つ
今日《こんにち》かえって鸞鳳《らんぽう》の友となり
まさに知る　紅葉はこれ良媒《りょうばい》と」

『紅葉良媒』の故事は、中国ではその後、小説（『剪燈新話《せんとうしんわ》』など）や戯曲（『西廂記《せいしょうき》』『琵《び》琶記《わき》』など）に多く現われてきているが、日本では案外この故事は流通していないようである。

覆水盆《ふくすいぼん》に返《かえ》らず

『覆水盆《ふくすいぼん》に返らず』といえば「一度夫《おっと》の家を去った妻は、もう再び返ることはできない」という意味に使われているが、それは実は「太公望」（常用成語篇『太公望《たいこうぼう》』参照）の言葉なのである。

太公望呂尚《りょしょう》がまだ若いころ、馬氏《ばし》を娶《めと》ったが、読書ばかりしていて、すこしも家業に精を出さず、家はすっかり左前、あいそをつかした妻の馬氏は、さっさと実家へ帰ってしまった。

そのあと太公望は西伯《せいはく》の知遇《ちぐう》をえて、諸侯として斉《せい》に封《ほう》ぜられるのである。ある日、その行列に、うずくまって拝している女があった。見れば前妻の馬氏である。

馬氏は前非を悔いて、もう一度妻としておそばに仕えたいと頼んだ。

すると太公望は、一盆の水を地に傾けて、馬氏にその水を掬《すく》えという。しかし水は地面に吸いこまれて、掬えるのは何がしの泥だけであった。そこで太公望がいったという。

「一度覆《くつが》えされた水が盆に返らぬように、一度別れたものは再びいっしょにはなれないのだよ」（『拾遺記《しゅういき》』）

冷たいようでもあるが、これは致し方あるまい。資料に現われたかぎりでは、どうも馬氏の方が分《ぶ》がわるい。

この故事は唐《とう》の李白《りはく》の『白頭吟《はくとうぎん》』に引かれるが、長いので最後の部分だけ挙げておく。

ちなみに「白頭吟」は古い楽府《がふ》の題で、漢の司馬相如《しばしょうじょ》が浮気をしそうになったときに、妻の卓文君《たくぶんくん》（美人篇同項参照）がこれを作って愛情をひきもどしたものといわれる。

覆水《ふくすい》　再び収むるも　豈《あに》　杯に満たんや
棄妾《きしよう》すでに去って　重《かさ》ねて回《かえ》り難し
古来得意《とくい》　相負《あいそむ》かず
ただ今　ただ見る　青陵台《せいりようだい》

（覆《くつが》えった水は、もとの杯に満たされましょうか。
棄てられたわたしは再びかえっては来《こ》られないでしょう。
むかしから、わが意を得た時代が来ても、たがいにそむかず、心変わりのしない例は、
ただただあの青陵台《せいりようだい》の二人だけですね）

「青陵台」とは、河南《かなん》省封丘《ふうきゆう》県の東北にあるという台の名だが、春秋《しゆんじゆう》時代、宋《そう》の康《こう》王が、舎人韓馮《しやじんかんぴよう》の妻に横恋慕してこれを奪うため、韓馮を青陵台の工事に徴用《ちようよう》してこれを殺す。

韓馮の妻は、

南山に鳥あり
北山に羅《あみ》を張る
鳥おのずから高く飛ぶ

羅《あみ》もっていかんせん
と詠《うた》って、台の上から投身して死んだ。
康王は怒って、二人の屍《しかばね》を左右別々に埋めたが、二人の墓上に生えた木が大きくなると、次第に枝をさしかわし、そこで小鳥が哀しげに鳴いた。人はこの木を「相思樹《そうしじゅ》」と呼んだという。（古楽府《こがふ》）
卓文君は『覆水盆に返らず』を逆手にとって、夫の浮気を封《ふう》じたという。これを見ても、馬氏の愚かさと、対照的ではないか。

糟糠《そうこう》の妻《つま》

『糟糠《そうこう》の妻《つま》』の「糟糠」とは「かす、とぬか」で、粗末な食物、したがって糟糠などを食する貧しい暮らしを共にした妻を、「糟糠の妻」と称する。

後漢《ごかん》の光武《こうぶ》帝の姉、湖陽公主《こようこうしゅ》が寡婦《かふ》となって出戻ってきた。当時光武帝の朝臣には錚々《そうそう》（教養篇『嚢中《のうちゅう》の錐《きり》』参照）たる人物が多かったが、

「宋《そう》公の立派な男前といい、人柄といい、ほかの連中にはとてもおよびもつきませんわ」

と公主がいった。宋公とは大司空《だいしくう》の職にあった宋弘《そうこう》である。その口裏にかくされた慕情を知った光武帝が、ある日、公主を屛風《びょうぶ》のうしろに坐《すわ》らせておいて、宋弘を引見してこういった。

「どうじゃな、貴《とうと》くしては交《まじ》わりを易《か》え、富《と》みては妻を易《か》う、それが人情《にんじょう》というものだというが」

すると宋弘が即座に答えた。

「臣はこう聞いております、貧賤《ひんせん》の交《まじ》わりは忘るべからず、糟糠の妻は堂より下《くだ》さず、と」

光武帝は思わずふりかえって公主にいったという。

「こりゃあ、見込みがないな」（『後漢書《ごかんじょ》』宋弘《そうこう》伝）

どだい人の亭主を横取りしようかという魂胆《こんたん》を粉砕したのだから、気持ちのいいような話だが、宋弘の奥方とやらも、立派だったにちがいない。この話から「糟糠の妻、堂より下さず」という言葉が、中国では使われている。

則《すなわ》ちこれ、その中に女あり、顔《かんばせ》は玉の如しといえども、いかでか我をして、糟糠の妻を撇《す》却てて堂より下らしめんや。（戯曲『琵琶記《びわき》』書館悲逢《しょかんひほう》）

「糟糠の妻だから、いまさら別れられんよ」と使えば使えないこともなかろうが、明治のにおいがして、ちょっと古い。また、どうもこの言葉は、「ヌカミソ臭《くさ》い」という意味が連想されそうで、困るのかも知れぬ。台所がキッチンになり、茶碗にさえハンドクリームの匂いが漂う今日では、所詮《しょせん》「糟糠の妻」など死語となってゆくのだろう。

紅一点《こういってん》

『紅一点《こういってん》』は「青葉の中にぽつんと一輪、紅い花が咲いている」という、きわめて美しい情景を指す。それから転じて、「つまらぬものの多い中に、たった一つ優れたものがある」ことにも使ったが、むしろいまでは「男ばかりの中にたった一人の女が混じっていること」に、いちばん使われるのではないか。

この出処は普通、宋《そう》の王安石《おうあんせき》の『柘榴《ざくろ》を咏《えい》ずる詩』の、

万緑叢中《ばんりょくそうちゅう》　紅一点
人を動かす春色は　多きを須《もち》いず

であるといわれるが、この詩は実は王安石の詩かどうか、確説はないらしい。「万緑叢中」が時に「濃緑万枝《のうりょくばんし》」となったり、「詩句のみで全篇を見られないのが残念だ」といわ

れたり、「これは唐人の詩だ」といわれたりするが、王安石というと、神宗《しんそう》の折に富国強兵《ふこくきょうへい》をとなえて新法を行なった政治家だし、どうもその詩も固い感じがするのに、これはいかにも情緒的で、疑いたくもなるであろう。しかし作者はともあれ、緑一色に塗りつぶされたような景色の中に、その反対色の紅《あか》がポツンとあることは、まさに対照の妙であり、その紅がまたほんの一点であるほど、その紅はいじらしく、人に春色を感ぜしめる。多く、どぎつく、という迫り方はいらないのだ、という。この春色は、春景色と慕情と、両方の意味にとれるであろう。

章台《しょうだい》の柳《りゅう》

『章台《しょうだい》の柳《りゅう》』という言葉が、中国古典に出てくることがよくあるが、有為転変《ういてんぺん》を経ても、たがいに誠意さえあれば、男女は添いとげられる、というたとえに使われているようだ。この話は、唐の韓翃《かんこう》の逸話《いつわ》としてあったのを、許堯佐《きょぎょうさ》が小説『章台柳伝《しょうだいりゅうでん》（柳氏伝《りゅうし》）』に書いて敷衍《ふえん》したことにより、人口に膾炙《かいしゃ》したものと思う。

唐の天宝《てんぽう》年間のこと、韓翃《かんこう》は詩人としての名声はあったものの、なぜかうだつが上《あ》がらずに、貧乏暮らしであった。

李生《りせい》という人物があって韓翃とは仲がよく、金持ちでもあり、俠気《おとこぎ》もあった。その人の愛妾《あいしょう》で柳氏《りゅうし》という女、これが当時並ぶものなしといわれた美人、そのうえ歌も上手だったという。その愛妾に別宅をもたせていたが、李生はよくそこで韓翃と酒をくみかわし、詩を作ったものである。

そのうち愛妾の柳氏の心は、いつか韓翃に傾いていった。

「韓さまは一生貧乏で終わるようなかたではない」

その柳氏の心根《こころね》をさとった李生は、尊敬する韓翃に、三十万の金を与えて、娶《めあ》わせたのである。全く韓翃はいい友人をもったものであるが、男の方も柳氏の容色に参《まい》っていたし、女の方は韓翃の才能を信じていたから、また李生のお古《ふる》ということを別にすれば、恰好《かっこう》なカップルといえないことはない。

翌年、官吏の試験には一応パスしたが、官職にはありつけずに年が明けた。しかし柳氏は韓翃に向かってこういった。

「名誉は親におよぶ、と申しますので、試験を通られました以上、一度故郷へおかえりあそばせ。私のような賤《いや》しいものが、お引きとめしていては申しわけがございません。おもどりになるまでは十分ひとりで暮らせるだけのものはございますから」

そこで韓翃は故郷の河北省《かほくしょう》清池《せいち》県へとかえったが、一年あまり経つと、柳氏はその日の米にも困るようになり、売り食いの生活、そして天宝の末、安禄山《あんろくざん》の乱（美人篇『楊貴《ようき》妃《ひ》』参照）で長安《ちょうあん》も洛陽《らくよう》も大さわぎ、避難の人々でごった返したが、柳氏はことに目立つ美人だったので、髪を切って尼に身をやつし、法霊寺《ほうれいじ》にかくれた。

一方韓翃は、節度使《せつどし》に転任してきた侯希逸《こうきいつ》に見出《みいだ》されて書記となり、使者を出して柳氏を探させたが、ねり絹の袋に砂金をつめて、その上に詩が題してあった。

「章台《しょうだい》の柳《りゅう》

往日《おうじつ》の青々《せいせい》　今ありや否《いな》や

たとえ長条《ちょうじょう》をして　旧の如く垂れしむるも

他人の手に攀折《はんせつ》せられしならん」

柳氏はその金と詩を捧げて涙にむせんだ。そして次のような返詩をしたためた。

「楊柳の枝

芳菲《ほうひ》の節《せつ》

恨むべし　年々《ねんねん》別離を贈《おく》る

一葉風に随《したが》って　忽《たちま》ち秋を報じ

たとえ君をして来たらしむるも

豈《あに》手折《たお》るに堪えんや」

安禄山の鎮圧《ちんあつ》に、唐は異民族の力を借りた。したがってその直後は異民族の将軍が跋扈《ばっこ》したが、その中に沙吒利《サタリ》という者がおり、柳氏の美しさを耳にしてこれを奪い、寵愛《ちょうあい》した。その後侯希逸は宰相の格式で都入り、韓翃も都へのぼったが、柳氏の行方は知れなかった。しかしある日、立派な車に乗った柳氏にめぐり会ったが、すでに他人の花。悶々《もんもん》の情に苦しむ韓翃の話をきいた部将の許俊が、沙吒利の留守を見はからって、その邸から柳氏を奪い返す。しかし沙吒利の報復をおそれて、侯希逸が先手を打って、天子から勅旨《ちょくし》を出してもらい、柳氏は韓翃に返し、沙吒利には銭《ぜに》二百万を下《くだ》しおかれる、ということでけりがついたという。

この話、怪奇譚《かいきたん》とちがって、妙にリアリティがある。普通なら外国人に弄《もてあそ》ばれた女を色眼鏡で見るとか、貞操《ていそう》がどうのこうのといって、身を殺して清算するとかいう話が多いが、これは情愛の前には、他物をさしはさまぬ。満身創痍《そうい》になろうが、愛する者の帰来をねがっている。長安の章台《しょうだい》の妓女《ぎじょ》の柳《りゅう》氏よ、とくり返し叫んだ詩は、まさに秀逸《しゅういつ》である。『章台の柳』が故事として使われた所以《ゆえん》であろう。

偸《とう》香《こう》

『偸香《とうこう》』または『香《こう》を偸《ぬす》む』と読んで、「男女の密通すること」をいう。

賈充《かじゅう》は西晉《せいしん》王朝の元勲《げんくん》であって、高貴の家柄、その賈充が、韓寿《かんじゅ》という青年を属官にした。韓寿というのは、大へんな美青年であったという。だから邸で集まりのあるたびに、賈充の娘が、青塗りの飾り窓から、そっとその美青年の姿をのぞいて、思いを焦がした。

それで侍女が韓寿のところへ出かけていって、そのお嬢さまの気持ちを伝え、お嬢さまも絶世の美人だと告げると、韓寿の気持ちが動かぬ道理とてない。ひそかに文通がつづき、果ては時刻を打ち合わせて、韓寿が垣根を越えてしのびこみ、一夜を共にする仲とはなった。

家中の者はほとんど知らなかったが、さすがに賈充だけは、娘のおめかしの仕方、うきうきした様子にふと疑惑を感じた。また属官たちの集まった席で、韓寿がただならぬ香気をおびているのに気づいた。この香《こう》は、西域《せいいき》からの献上品《けんじょうひん》で、一度からだにつけると、何か月も消えぬという絶品《ぜっぴん》であった。これは武帝が、賈充ともう一人大司馬《だいしば》の陳騫《ちんけん》にしか賜わらなかったものである。

賈充は賊が入った形跡《けいせき》があると称して垣の修理をさせたところ、東北の角《すみ》に足跡のようなものがあったという知らせ。また娘の左右に仕える侍女に問いただすと、あっさり白状してしまった。賈充はすべてを秘密にして、娘を韓寿の妻にしてやったという。（『世説新《せせつしん》

語《ご》』惑溺《わくでき》篇、『晉書《しんじょ》』賈充《かじゅう》伝）

これもなかなか味のある話で、現代版でいえば女のいつも使っている香水、たとえばヘリオトロープの香《かお》りが、いつか男に乗りうつっていて、二人の関係が嗅《か》ぎ出される、というような、推理小説的な匂いさえもうかがわれる。したがってこの『偸香』という言葉も、その後《ご》の小説戯曲類によく出てきて、例えば有名な小説『紅楼夢』第一回に、

「大半の風月故事《つやっぽいものがたり》も、偸香《とうこう》、竊玉《せつぎょく》、暗約《あんやく》、私奔《しほん》にすぎぬ」

とある。これはまだいいが、戯曲『燕子箋《えんしせん》』になると、

「偸香手《とうこうしゅ》を、はなはだ磨錬《まれん》する」

となる。「偸香手《とうこうしゅ》」とは「女を手に入れる手練手管《てれんてくだ》」である。

破《は》鏡《きょう》

『破鏡《はきょう》』とは、どうも悪い印象が先に来てしまいそうだが、それ自体は、そう悪い意味ではない。鏡といえば昔は円《まる》いものだったので、『破鏡』といえば「片割れ月」にたとえている。たしかに、鏡を破《わ》ると、縁起《えんぎ》がわるい、といういい伝えがあったようだが、普通は

『破鏡重円《はきょうじゅうえん》』というように使って、たとえ鏡を割っても、それを再び合すれば、もとの円《まる》さにもどる、といっている。もちろん、これを粉々《こなごな》に割ったら、どうしようもないだろうが。

陳《ちん》も末葉《まつよう》の君主である叔宝《しゅくほう》に妹があって、楽昌公主《らくしょうこうしゅ》といわれる。徐徳言《じょとくげん》と結婚して、夫婦の仲はきわめて睦《むつ》まじかったが、後主《こうしゅ》（末葉の君主を指す）の叔宝は政事につとめず、放蕩三昧《ほうとうざんまい》、陳の世の衰勢を見てとって、徳言は妻の楽昌に向かい、

「国がもし破れるようなことがあったら、権豪《けんごう》の家に入って、命を全《まっと》うしてくれ。万一情縁《じょうえん》あって、再会することができたら、嬉しいが」

そういって、鏡を破っておのおのその半分をもち、

「他日、正月十五日に、都に市《いち》が立ったら、この鏡を売りなさい」

そう約束したが、果たして陳は亡び、夫婦は散り散りに別れた。

楽昌は約束通り、隋《ずい》の越国公《えっこくこう》になった楊素《ようそ》の家に入り、ともかくも無事に乱世を乗りきった。

兵乱の鎮まった都へもどった徳言は、正月の十五日、市《いち》へ出向くと果たして、一人の下僕が半鏡を売っていた。徳言が自分のもっている半鏡と合わせてみると、ぴったり合った。感極《きわ》まって、一詩を賦《ふ》す。

鏡　人とともに去り
鏡　帰れど　人は帰らず
復《ふた》たび姮娥《こうが》（美人篇同項参照）の影はなく
空しく明月の輝《かがや》きを留《とど》む

下僕の手からこの詩を得た楽昌は、涙に明け暮れて、食を絶った。楊素もまたひとかどの人物、事の次第を知って、徳言を召し出し、その妻をかえしてやった。二人はともに江南《こうなん》に帰り、安穏《あんのん》に生を終えたという。（『本事詩《ほんじし》』）

これは明らかに『破鏡重円』であり、ここから『楽昌の鏡』という使い方も出来る。一旦事跡《いったんじせき》が彰聞《しょうぶん》されると、恩情《おんじょう》が閒阻《へだ》てられ、楽昌の鏡のように、これからついに分かれることになるのを恐れます。（『剪燈新話《せんとうしんわ》』聯芳楼記《れんぽうろうき》）

『破鏡再び照らさず』といってしまえば、『覆水盆に返らず』（情愛篇同項参照）と同じことになってしまうが、『破鏡』には心ならずも生き別れたが、「破《わ》れてもすえに逢《あ》わんとぞ思う」という気持ちが、多分に含まれていそうに思う。

偕老同穴《かいろうどうけつ》

『偕老同穴《かいろうどうけつ》』の「偕老」とは「生きてともに老いること」、「同穴」とは「死んで一つ穴に葬られること」である。

死生契闊《しせいけつかつ》
子《きみ》と説《ちかい》をなす
子《きみ》の手を執《と》って
子《きみ》と偕《とも》に老いん（『詩経《しきょう》』北風《はいふう》、撃鼓《げきこ》）

（死んでも、生きても、離れても
きみと誓《ちか》ったはず
きみの手をとって
きみと共白髪《ともしらが》までと）

君子《おっと》と偕《とも》に老いなんと

副《そ》え髪、笄《こうがい》の珈《たま》六つ
委委《しなやか》にして、佗佗《おおらか》に
山のごとく、河のごとく
象《かざり》の服の　是《こ》れ宜《よろ》し
子《きみ》の不淑《ふしあわせ》なるは
云《か》くて之《これ》を如何《いかん》せん（『詩経』鄘風《ようふう》、君子《くんし》偕老《かいろう》）

（夫《おっと》と老年まで添いとげようと
副え髪を編み、六つの玉で飾った笄《こうがい》を插《さ》し
ゆったりとした態度で
山のように寛容《かんよう》、河のように潤沢《じゅんたく》
美しい服がよく似合って
そんな人なのに、不幸だとは
なんということであろうか）

穀《い》きては、室を異《こと》にするも
死しては、穴を同じゅうせん

予《われ》を不信《ふしん》と、謂《い》わば
皦日《きょうじつ》のごときあり（『詩経』王風《おうふう》、大車《たいしゃ》）

（たとえ生きては、添えずとも
死んだら、同じ穴に入りましょう
わたしの心を疑うとおいいなら
光り輝く太陽のように、光明正大《こうめいせいだい》よ）

このように『詩経』の中にいろいろと出てくるが、どうもすべてが希望的観測であり、また「偕老」と「同穴」は別々に出てきて、『偕老同穴』が一緒になることは、これはきわめて至難《しなん》なことのようである。

画《が》眉《び》

『画眉《がび》』と書いて「ほおじろ」と小鳥の名で読める人はよほどの物識りだが、ここでは、字の通り「眉を画く」こと。むかしから女性は眉をいろいろといじって、美しく見せたらしいが、「画眉」だけで「美人」という意味に使ったりしている。

「黛《まゆずみ》」というむずかしい字があるが、普通の石墨《せきぼく》とちがって、緑黛《りよくたい》を施《ほどこ》したりしているから、案外化粧術というのはむかしから発達していたようだ。

しかし『画眉』の故事で面白いのは、女が自分で画くのでなく、男に画いてもらったということである。

漢《かん》の張敞《ちようしよう》、あざなは子高《しこう》、宣《せん》帝のとき、九卿《きゆうけい》の一、太僕《たいぼく》となり、膠東《こうとう》（山東省《さんとう》）の相《しよう》、ついで京兆《けいちよう》の尹《いん》となる。

京兆の尹は、長安《ちようあん》の都の長官で劇務《げきむ》であり、難職であった。大ていは二、三年どまり、はやい者は数か月で失敗するといわれるが、張敞は朝廷の大事《だいじ》にも参与し、適宜に処置して、天子もしばしば彼の意見にしたがったほどである。

しかしそれだけの切れ者だったが、張敞はどうも態度に威厳というものがなく、時には朝廷から退出して帰り道を、馬車に乗らずに長安の街を走ってみたり、馬車に乗ったとしても、団扇で馬の尻をたたいてみたり、という動作があって、貫禄《かんろく》に欠けたという。

またこの張敞は、いつも奥さんの眉を画いてやるのが趣味だった。それで長安の街に、

「張京兆《ちようけいちよう》の眉はあでやか」

という評判が立った。

そこで、どうも不謹慎《ふきんしん》きわまるといって、法官が弾劾《だんがい》したので、帝が張敞を呼び出して詰問《きつもん》すると、こう答えたという、

「夫婦の仲というものは、閨房《けいぼう》の中では、眉を画く以上のことが行《おこ》なわれると聞きおよびますが」

帝も返す言葉がなく、べつに咎《とが》めだてはしなかったそうだ。（『漢書《かんじょ》』張敞《ちょうしょう》伝）

この話から『張敞の筆』というと、「夫婦の親しむ」たとえに使われる。故事としてはちょっと面白いと思うが、どだい『画眉』とは人工的で、ちょっと見《み》がいいだけだと思うが、現在はほとんどこの「画眉美人」が跋扈《ばっこ》している。同じ音《おん》ながら、「娥眉《がび》」の方をとりたい。これは「蛾眉《がび》」とも書いて、蚕《かいこ》の触角に似た眉をいう、ともいわれるが、やはり女偏《おんなへん》がいい。「娥眉」というと、いかにも自然の眉の美しさがにじんでいよう。

断臂《だんぴ》

『断臂《だんぴ》』あるいは『臂《ひじ》を断って地に投ず』というのは、相当にすさまじい言葉である。これも女性がやったとなると、さしずめ近ごろよく新聞の三面記事に出てくる、「殺《ころ》し」か

なと思うかも知れぬが、これは貞節のシンボルなのである。

五代《ごだい》の周《しゅう》の王凝《おうぎょう》は虢州《かくしゅう》（陝西省《せんせい》）の司戸《しこ》参軍《さんぐん》というから、行政一般をつかさどる官吏だったが、病を得て、任地で死んだ。辟地《へきち》の官吏だったので、その家はけっして裕福ではなく、幼い子供をつれて、妻の李《り》氏は、夫の遺骸《いがい》を背負い、東への旅をつづけた。ちょうど河南《かなん》の開封《かいふう》で一夜の宿をとったが、宿の主人が、子連れの女の一人旅をあやしんで、泊めてくれず、追い出そうとして、その臂をとった。

李氏は天を仰いで長歎息《たんそく》、

「わたくしは妻でありながら、節を守ることができず、この腕を他人に執《と》られてしまった。この腕のために、全身を汚すことはできない」

そういって、斧《おの》でその臂《ひじ》を断ち切ってしまった。見物人は環《わ》になって見ていたが、あるいは指弾《しだん》する者、あるいは涙を流す者、いろいろあったが、開封の長官がこれを聞き、お上《かみ》に申し上げて、薬を賜わり、李氏を救済し、宿の主人を笞《むち》うったという。（『五代史《ごだいし》』雑《ざっ》伝序《でんじょ》）

この話、現在から見ると、阿呆《あほ》くさい話かも知れない。貞節もここまでくると、大へんなことではあるが、三つ指突いてかしずいた妻の座なるものは、日本でもそう昔のことではない。まあ現在只今《ただいま》は、こんなおかしな話は到底通じまい。男に腕をとられたくらいで、われとわが臂を断つ女性もなかろう。

輾転反側《てんてんはんそく》

『輾転反側《てんてんはんそく》』とは「なんども寝返りをうって眠れない」ときに、いまでもよく使われる言葉である。「展転反側」と書いてもいいが、漢字の方は案外書きにくくて、「転々として眠れなかった」で間に合わせるということになるようだが、「てんてんはんそく」とは、音《おん》の上からも、よくその感じの出た言葉ではないか。

これは字面《じづら》からいうと、何となく新語のような気がするが、実は中国の太古《たいこ》の時代からある。『詩経《しきょう》』の国風《こくふう》篇の冒頭《ぼうとう》から、この言葉は出てきて、それも「眠られぬ夜」の原因たるや、美しい女をもとめての煩悩《ぼんのう》なのである。

関々《かんかん》たる雎鳩《しょきゅう》は
河《かわ》の洲《す》に在《あ》り
窈窕《ようちょう》たる淑女は

君子の好逑《こうきゅう》
参差《しんし》たる荇菜《こうさい》は
左右に之《これ》を流《もと》む
窈窕たる淑女は
寤《さ》めても寐《ね》ても之を求む
之を求めて得ざれば
寤《さ》めても寐《ね》ても思い服《した》う
悠《ゆう》なる哉《かな》　悠なる哉
輾転反側す（『詩経』国風、周南《しゅうなん》）

（カンカンと鳴くミサゴは、河の中洲《なかす》にいて、なんと和《やわ》らいだ風景であろう。雌雄の情愛がこまやかというミサゴ鳥を見るにつけても、あなたを思い出すが、たおやかなよき乙女こそ、君子といわれる男の、よき伴侶《はんりょ》ではある。長短不揃《ちょうたんふぞろい》の「あさざ」は、食用にもなる水草だが、流れにしたがって、右に左に、さがしもとめる。それに似て、たおやかなよき乙女は、ねてもさめても、思いつづけるもの。はるかに、ながい物思い、寝返りばかりうって、眠れない夜）

恋に悩む歌というものは、大昔からいまに至るまで不変のものなのであろうか。同じ『詩経』の陳風《ちんぷう》にもあるが、ここでは『輾転伏枕《ふくちん》』となっている。
「輾転」とは、「車輪がめぐってやまぬこと」。もっと細かくいうと「輾」は「半転」で「転」は「全転」だという説もあるが、ともかく字面からは、これは分かりいいが、「反側」が少々なじめまい。「反」とは「輾が過ぎて、もうすこし余計にまわってしまうこと」、「側」とは「転が急にとまってしまうこと」だそうで、あまりぴんと来《こ》ない。まあ「反《はん》覆《ぷく》」ということで、なんとか納得できるが、そこへいくと、『輾転伏枕』の方が、わかりがいいかも知れない。

彼《か》の沢《さわ》の陂《つつみ》には
蒲《がま》と荷《はちす》あり
美しき一人《ひとり》ありて
傷《いた》めどこれを如何《いかん》せん
寤《さ》めても寐《ね》ても為《な》すなく
涕洒《ていし》　滂沱《ぼうだ》たり
彼《か》の沢の陂には
蒲と蕑《かん》あり

美しき一人ありて
碩大《せきだい》にしてかつ巻《けん》
寤《さ》めても寐《ね》ても為《な》すなく
中心《ちゅうしん》悁々《えんえん》たり
彼《か》の沢の陂には
蒲と菡萏《かんたん》あり
美しき一人ありて
碩大にしてかつ儼《げん》
寤《さ》めても寐《ね》ても為すなく
輾転伏枕す（『詩経』陳風《ちんぷう》、沢陂《たくひ》）

（あの沢の堤《つつみ》にあるのは、蒲と蓮《はちす》。そのしなやかさと清らかさで、思い出されるのは、あの美しい女《ひと》。胸が痛めど、どうしようもない。ねてもさめても、仕事が手につかず、涙ばかりがほろほろ。あの沢の堤には、蒲と蘭《らん》。そのしなやかさと麗わしさで、思い起こすのは、あの美しい女《ひと》。大柄《おおがら》で髪もつややか。ねてもさめても、仕事も手につかず、胸の中が息苦しい。あの沢の堤には、蒲と蓮の花。そのしなやかさと気高《けだか》さに、思いこがれるのは、あの美しい女《ひと》。大柄で気品《きひん》があり、ねてもさめても、仕事など手につかず、寝返りばかりうって、枕の上をころげ

まわる）

杞梁《きりよう》の妻《つま》

『杞梁《きりよう》の妻《つま》』とは「貞婦の典型《てんけい》」の例に使用される。この話はずいぶん古くから行なわれていたようで、はやく『礼記《らいき》』に出る。

魯《ろ》の哀《あい》公が蕢尚《かいしよう》の父の死に対して弔問《ちようもん》の使者を出したところ、蕢尚がその使者と道で会ったので、道をひらき、堂の形を地面に画《か》いて、その弔問を受けた。

そのことを聞いて、曾子《そうし》がいった。

「蕢尚は杞梁の妻のようには、礼を心得ていない。むかし斉《せい》の荘《そう》公が莒《きよ》を伐《う》ったとき、杞梁が戦死したので、その妻がその柩《ひつぎ》を道で迎え、号泣《ごうきゆう》した。そこで荘公が人をやって弔問させようとすると、杞梁の妻はそれを辞退してこういったという。

『臣たる者が罪があって死んだら、その死骸《しがい》はさらし者にされ、その妻妾《さいしよう》は捕《とら》えられます。罪がない場合は、あばらやながら先祖からの家がございますので、こんな道ばたでは、ご弔問を戴きかねます』」（『礼記《らいき》』檀弓《だんきゆう》下篇）

むかしは路傍で弔問をうけないのが、礼義にかなっていたようである。

また『春秋《しゅんじゅう》』にも記載があって、こう書いてある。

斉《せい》の荘《そう》公が莒《きょ》を襲ったときの戦《いくさ》である。

莒子《きょし》がみずから太鼓を鳴らして追いかけ、斉の杞梁を討ちとった。そのあと莒の方で和平を乞《こ》い、荘公は帰国したが、杞梁の妻が郊外まで来て出迎えたので、使者に弔問させようとした。すると杞梁の妻はそれを辞退していった。

「殖《しょく》に罪があるのでしたら、弔問をたまわるどころではございません。もし罪がございませんのでしたら、あばらやながら先祖からの家がございますので、こんな郊外でおくやみをお受けすることはできませぬ」

そこで荘公は都へもどってから、あらためてその家へ弔問の使者を送った。（『左伝《さでん》』襄《じょう》公二十三年）

ここでは杞梁の名は殖《しょく》と出てきて、斉《せい》の大夫《たいふ》だというから、かなり立派な家柄、だから『杞梁の妻』は、荘公の弔問使までうける夫人であったわけである。

この話がやや詳しくまとまって伝えられるのが『列女伝《れつじょでん》』である。その前半は「左伝」

の記載とほぼ同じであるが、後半にかなりの敷衍《ふえん》がある。

杞梁の妻には子もなく、頼るべき親族もなかったので、城下で、夫の屍《しかばね》を枕に、泣き明かすのであった。その誠意に人々は感動し、道行く人もみんな涙を流した。そして十日目に、城壁が崩れた。

その後夫の屍を葬ってから、こういった。

「わたくしはどこへ帰《き》したらいいのでしょう。女というものは、必ず倚《よ》るところのあるもの、父がいませば父に倚り、夫《おっと》があれば夫に倚り、子があれば子に倚るのですが、いまわたくしは、上に父なく、中に夫なく、下に子なく、内には依《よ》って誠をあらわすところもなく、外には倚って節を立てるところもありません。といって、どうして再婚などできましょう。死ぬよりほかございません」

そして山東省の淄水《しすい》に投身して死んだ。（『列女伝』貞順《ていじゅん》）

その後の中国で、現在まで、非常に人口に膾炙《かいしゃ》している『孟姜女《モンヂヤンニユイ》』という話があり、民間伝説上の貞婦の名といわれる。『詩経』にも、

爰《ここ》に唐《ねなしかずら》を采《と》る

沬《まい》の郷《むら》にて
云《ここ》に誰をか思う
美《うる》わしの孟姜《もうきょう》
われと桑中《そうちゅう》に期《ちぎ》らんと
われを上宮《じょうきゅう》に要《むか》え
われを淇《き》水の上流まで送りぬ（『詩経』鄘《よう》風、桑中《そうちゅう》）

とあるように、「孟姜」とはもと複姓《ふくせい》であるが、のちには貴女を指す。しかし戯曲や歌曲に歌われる『孟姜女』とは、『杞梁の妻』の脚色と思われる。しかしこの伝説は、秦《しん》の始皇帝《しこうてい》の時代に、范杞梁《はんきりょう》という男が、万里の長城の労役に駆《か》り出され、その妻の孟姜女が、冬はさぞ寒かろうと、寒衣を作って、はるばると夫をたずねて何千里、たどりついてみると夫の杞梁はすでに死んでこの世には居《お》らず、孟姜がその城下で泣くと、その涙で城壁が崩れ、杞梁の遺骸《いがい》が現われたという。しかしこのお話の方が、非常によく脚色されていて、その後の中国に伝えられたのであろう。すでに敦煌《とんこう》の歌曲の中にも、この悲しい歌が伝えられる。

孟姜女とは　杞梁の妻

一たび燕山《えんざん》を去って　更に帰らず
寒衣をつくりえて　人の送るなく
みずから征衣《せいい》を送るを免《まぬか》れず

柏舟《はくしゅう》の操《みさお》

『柏舟《はくしゅう》の操《みさお》』とは、あまり日本には使われていない比喩《ひゆ》だが、「寡婦《かふ》の節操がかたいこと」をいう。出処は『詩経《しきょう》』であるが、同じ「国風《こくふう》」ながら、「邶風《はいふう》」にある「柏舟」ではなく、「鄘風《ようふう》」にある「柏舟」の方である。

『史記』の記載によると、衛《えい》の釐侯《り》が死んで、太子の共伯《きょうはく》が立って君主となったが、弟の和《か》が釐侯《り》の墓前で襲撃して、共伯は墳墓の中の通路で自殺して果て、和《か》が即位して武《ぶ》公となったという。

その共伯の妻が共姜《きょうきょう》で、夫の死後も節を守って、父母が再婚を強《し》いても、けっして許さず、この詩を詠んで固辞したといわれる。

汎《ただよ》う彼《か》の柏舟《はくしゅう》は
彼の河の中に在《あ》り
髧《たん》たる彼《か》の両《ふた》つの髦《ぼう》
実《まこと》に維《こ》れ我が儀《つれあい》
死に之《いた》るまで矢《ちか》って他《た》は靡《な》し
母も父も
人を諒《まこと》としたまわず

汎《ただよ》う彼《か》の柏舟は
彼の河の側《かたわら》に在り
髧たる彼の両つの髦
実に維れ我が特《つれあい》
死に之《いた》るまで矢《ちか》って慝《よこしま》靡《な》し
母も父も
人を諒《まこと》としたまわず（『詩経』鄘風《ようふう》、柏舟《はくしゅう》）

「柏」は「ひのき」で、舟をつくる材料としてよく使われたらしい。

漂う柏舟《ひのき》、河の中に捨てられて、とよるべのない自分にたとえて詠《うた》い出す。「髧」は、古代の髪型、つまり「髦《みずら》」が、両側に垂れさがっている形容。したがって、そういう「みずら」に結った凜々《りり》しい男、それこそまことわが夫《おっと》とさだめて、死ぬまで心変わりはいたしませんと誓った。それなのに父も母も、人の気持ちなど信じてはくれずに、再婚をしろといわれる。

一章も二章も、多少の言葉のちがいはあるが、いっている気持ちは重複している。

したがって「柏舟」は『詩経』の篇名であって、意味は「捨小舟《すておぶね》」。だから「捨小舟の貞操」ということにでもなろうか。こうなればなんとか現在でも使えそうな言葉だ。

明眸皓歯《めいぼうこうし》

『明眸皓歯《めいぼうこうし》』はよく使われ、字面《じづら》からも一目瞭然《りょうぜん》、「明るい眸《ひとみ》と白い歯」なら、「美人」にちがいない。ただよく「皓」を「コク」と読むが、まちがいである。

美人の形容といえば、これはやはりまず楊貴妃《ようきひ》（美人篇同項参照）の形容なのである。それもまた『唐詩選《とうしせん》』にもある、杜甫の有名な『哀江頭《あいこうとう》』の中に出てくる。

『哀江頭』といえば、安禄山《あんろくざん》の反乱で廃墟と化した長安の都で、四十六歳の杜甫が、賊兵の目をぬすんで曲江《きょっこう》のほとりをさまよい、唐朝全盛の折を回想して悲歎《ひたん》にくれ、「少陵《しょうりょう》の野老《やろう》、声《こえ》を呑《の》んで哭《こく》す」と詠《うた》い出す名調子、同じ作者の「国破れて山河在り」とともに、日本でも愛誦《あいしょう》された詩である。

長いのでここでは、その個所だけ紹介しておこう。

明眸皓歯《めいぼうこうし》　今何処《いまいずこ》にか在《あ》る
血に汚《けが》されし遊魂《ゆうこん》　帰り得ず
清渭《せいい》は東流し　剣閣《けんかく》は深し
去住《きょじゅう》　彼此《ひし》　消息《しょうそく》無し

（明るい眸とまっ白な歯、美しかった楊貴妃はいま、どこにいるのだろうか。血に汚れた魂はきっと、宇宙に迷って、落ちつくところへ帰れないのではないか。楊貴妃が死んだという馬嵬《ばかい》は渭水《いすい》のほとりにあるが、その清い流れは東に向かって流れ、玄宗が西へ逃避していった四川《しせん》への道の要害《ようがい》、剣閣の地はさぞ深い雲にとざされていよう。去る者、住《とど》まる者、たがいに消息をかわすすべもないではないか）

傾城傾国《けいせいけいこく》

『傾城傾国《けいせいけいこく》』というと「男がすっかり惚《ほ》れこんで、城も国もかえりみないほどの美女」ということである。

これは普通『漢書《かんじょ》』にある「李夫人《りふじん》」の話から出ているといわれる。

李夫人は漢の武《ぶ》帝の寵姫《ちょうき》であり、当時の音楽家として有名な李延年《りえんねん》の妹である。それが武帝の寵愛をうけるようになった経緯《いきさつ》というのが、李延年の作詞、作曲、それも舞いながら、自分で歌った歌だというから、現在の歌い手など、問題になるまい。

北方に佳人《かじん》あり
世に絶《ぜっ》して　独り立つ
一顧《いっこ》すれば　人をして城を傾けしめ
再顧《さいこ》すれば　人をして国を傾けしむ
寧《いずく》んぞ傾城と傾国を知らざらん
佳人は再びは得がたし

こうして妹を売りこんだが、まんまと引っかかった武帝がさっそく召し入れると、彼女はまことに美人のうえに舞《まい》の上手《じょうず》、たちまちに彼女のとりこになってしまう。しかしどうもこの李夫人は、国を傾けさせたような悪女ではなかったような気がする。早く死んだせいもあるが、のち武帝が甘泉宮《かんせんきゅう》にその絵姿を描かせてなつかしんだ、という程度で、兄の李延年の方が妹を利用して権勢を得たかったのではないか。

とまれこの歌では「傾城」と「傾国」がいっしょに出てくるのであるが、

「どうして傾城と傾国を知らぬことがあろうか。城や国を傾けさせると知りながらも、美人は二度とは得《え》がたいので、やはり愛してしまうのさ」

という歌詞からして、この言葉は前々《まえまえ》から世間にあったものであろう。

現《げん》に『傾城』はすでに『詩経』の「大雅《たいが》」に出ている。

哲《さと》き夫《おとこ》は　城を成《つく》れど
哲《さと》き婦《おんな》は　城を傾く
懿《ああ》　厥《そ》の哲き婦は
梟《きょう》となし　鴟《し》となす

この詩は長いので、この一節のみを引いたが、梟も鴟も「ふくろう」のことで、「悪人」を指す。実はこの詩は、周《しゅう》の幽《ゆう》王が大いに国を乱したのを誹《そし》るものだとされているが、その「城を傾けた」張本人が、寵姫《ちょうき》の褒姒《ほうじ》なのである。

褒姒が伯服《はくふく》を生むと、幽王は太子を廃嫡《はいちゃく》し、太子の母の申后《しんこう》を退け、褒姒を后《きさき》とし、伯服を太子に立てた。

その褒姒がどうしても笑わなかったという。なんとか、愛する女を笑わせたい、幽王はやっきとなって手をつくした。しかし褒姒は笑わなかった。しかしあるとき、まちがって烽火《のろし》をあげてしまい、諸侯がみんな馳《は》せ参《さん》じたが、戦争でもなんでもなかったので、諸侯がぽかんとした顔を見たら、はじめて褒姒が笑った。それからというもの、幽王はしばしば烽火をあげて、褒姒の歓心を買った。そのため諸侯はこの合図を信じなくなり、ほんとうに犬戎《けんじゅう》という蛮族《ばんぞく》に攻められたときに一兵も集まらず、幽王は殺されて国をあやまることとなる。（『史記』周本紀《しゅうほんぎ》）

君主というもの、女を知っていそうで、実は女を知っていなかったのだろうから、こんなバカな話もあったのだろうが、この褒姒の方が、李夫人よりずっと悪女であって、「傾《けい》城《じょう》」にぴったりだと思う。

またこのころまではやはり「傾城《けいじょう》」と読んだ方が当《あ》たりそうで、諸侯の城を傾けたのであろうと思う。これが『傾城《けいせい》』となると、少々色っぽくなる。浮世《うきよ》草子《ぞうし》の「傾城色三味線《けいせいいろじゃみせん》」、洒落本《しゃれぼん》の「傾城買二筋道《ふたすじみち》」、近松の「傾城反魂香《はんごんこう》」とくると、どうしても廓《くるわ》ものということになってしまう。

そこへいくと『傾国《けいこく》』の使われかたの方が、妖艶《ようえん》さはあっても、清潔であったように思われる。「漢皇《かんのう》色を重んじ傾国《けいこく》を思う」の白楽天《はくらくてん》の『長恨歌《ちょうごんか》』は長いのでここでは割愛し、李白の『清平調《せいへいちょう》』を挙げておく。

名花傾国《めいかけいこく》　両《ふた》つながら相歓《あいよろこ》ぶ
長く君王《くんのう》の笑いを帯びて看《み》るを得たり
解釈《かいしゃく》す　春風無《む》限《げん》の恨《うら》み
沈香亭北《ちんこうていほく》　闌干《らんかん》に倚《よ》る

（名花の牡丹《ぼたん》と、傾国の美人とは、どちらも観賞に堪えるもの、もとより甲乙のつけようがないので、玄宗《げんそう》皇帝がいつも微笑んで見られたのも当然であろう。

この牡丹が艶《あで》やかに咲き、楊貴妃という寵姫《ちょうき》のいることで、春のものうさも消えていくはず、

沈香亭《ちんこうてい》の北の欄干《らんかん》に倚《よ》りかかった姿の美しさ、何にたとえることもできない）

人生篇

人生朝露《じんせいちょうろ》の如《ごと》し

『人生《じんせい》』という言葉は、どうも大へんおごそかな気持ちにさせる働きをもっているように思う。『人生七十古来稀《まれ》なり』（常用成語篇『古稀《こき》』参照）というように、「人生」が頭につく成語《せいご》はまことに多いし、いずれも感慨を伴わせられるものがほとんどである。
「人生は寄《き》の如し」（寄《き》は寓《ぐう》と同様、仮《か》りの住み家《か》）、「人生夢の如し」、「人生風燈《ふうとう》の如し」、「人生は白駒《はくく》の郤《ひま》を過ぐるが如し」、「人生古《いにしえ》より誰か死無からん」などとなると、どうも滅《め》入《い》っていけない。まあまあすっきりしているのは、『人生朝露《ちょうろ》の如し』ぐらいだろうか。日が出てくれば、朝の露はたちまち乾《かわ》く、そのように人生というもののはかなさをいってはいるが、朝日に美しく光るであろうし、じめじめしないでいい、といって単なるドライでもない。

匈奴《きょうど》に囚《とら》われの身になった蘇武《そぶ》に、単于《ぜんう》に降服するようにと李陵《りりょう》が口説《くど》いた言葉の中に、
人生朝露の如し、何ぞ久しく自《みずか》ら苦しむこと此《かく》の如きや。（『漢書《かんじょ》』蘇武《そぶ》伝）
とある。匈奴の地に二十余年、匈奴の女《むすめ》を妻として過ごした李陵も、野鼠や草根を食べ

て二十年近くも節を立てた蘇武《そぶ》も、どちらも悲劇の人にはちがいない。しかし、匈奴の虜《とりこ》となった為に、その一家を武帝が皆殺しにしたという原因はあったものの、李陵は人生朝露だからと、楽しく生きようとしたし、蘇武は、朝露の人生だからこそ、節に生きようとしたのであろう。朝露なら朝露でいい、どう対処するかが問題なのだ、あまりくよくよするな、と割り切ればいいが、そこは人間《にんげん》、古来朝露を傷む詩が多い。魏《ぎ》の曹植《そうしょく》の『白馬《はくば》王彪《おうひょう》（曹彪《そうひょう》）に贈る』詩の一つを紹介しておこう。

太息《たいそく》して将《まさ》に何をか為《な》さん
天命《てんめい》　我と違《たが》う
奈何《いかん》せん　同生《どうせい》を念《おも》うも
一たび往《ゆ》きて　形《かたち》帰らざるを
孤魂《ここん》　故城《こじょう》に翔《かけ》り
霊柩《れいきゅう》　京師《けいし》に寄す
存する者　忽《たちま》ち復過《またす》ぎ
亡没《ぼうぼつ》すれば　身おのずから衰う
人生《う》まれて　一世に処《お》るも
去ること　朝露の晞《かわ》くが如し

年《とし》　桑楡《そうゆ》の間《かん》に在《あ》り
影響《えいきょう》　追うこと能《あた》わず
自ら顧《かえり》みるに　金石に非《あら》ず
咄唶《とつしゃ》して　心を悲しましむ

（ため息をもらしても何になろう、天命は味方してくれぬ。同母《どうぼ》の兄の曹彰《そうしょう》の急死を傷んでも、もう帰っては来ない。きっと彼の魂が、もとの任地《にんち》の城のあたりをさまよい、柩《ひつぎ》だけが都の洛《らく》陽《よう》に留《とど》まっているのだろう。

生存する私もあなたも、彰兄さんのようにこの世を去らねばならぬ。死ねばその身は自然と朽ち果てるだろう。人は生まれてこの世を仮《かり》の宿とするが、朝露の乾くようにはかないもの。私の年ももう、桑《そう》や楡《ゆ》という西方の星の間にあって、暮れようとしており、光と音のように早い時の流れに追いつくことはできない。考えてみると、私も金石でないから、長寿は保てまい。おろおろとして悲しむだけである）

邯鄲《かんたん》の夢《ゆめ》

『邯鄲《かんたん》の夢《ゆめ》』とは「人間一生の栄枯《えいこ》盛衰《せいすい》など一場の夢にすぎない」というたとえに使われる。邯鄲というところは、河北省《かほく》邯鄲県《かんたん》というのが今もあって、京漢《けいかん》鉄道の駅があるが、そのあたりの旅舎を舞台にした、唐の李泌《りひつ》の小説『枕中記《ちんちゅうき》』から、この故事が出ている。

唐の開元《かいげん》十九年のこと、道士《どうし》の呂翁《りょおう》が邯鄲の旅舎で休息していると、村の若者が一人やってきて、呂翁といろいろと話しこんだが、その盧生《ろせい》と名のる若者は、自分の粗末な服をかえりみて、

「男と生まれて、こんなみすぼらしいままではつまらん」

となげく。

「みたところ丈夫そうだのに、なにが不服かな」

と呂翁がきくと、

「男たるもの、やっぱり栄耀栄華《えいようえいが》が望《のぞ》みさ」

と答える。そのうち盧生は、うとうとと眠たくなった様子。宿の主人はちょうど黄粱《こうりょう》を蒸《む》して食事をつくっていた。呂翁は自分の嚢《ふくろ》の中から枕を出して、盧生に貸した。両端に孔《あな》の空《あ》いた陶《とう》の枕だった。

盧生が眠ると、枕の孔が大きくなったので、盧生が入ってみると、立派な邸宅。そこに居を構《かま》えて、その当時の名家《めいか》であった崔氏《さいし》の娘を娶《めと》り、官吏の試験にも合格して、とんと

ん拍子の出世、ついには都の長官となり、出《い》でては数々の武勲《ぶくん》を立てて、御史大夫吏部侍郎《ぎょしだいふりぶじろう》にのぼる。宰相にねたまれて、一時左遷《させん》されたが、じきにまた召されて戸部尚書《こぶしょうしょ》、中書侍郎《ちゅうしょじろう》など、大政にあずかって天子を輔佐《ほさ》し、位人臣《くらいじんしん》をきわめた。

しかし突然、謀反《むほん》をたくらんでいるとの無実の罪で捕えられ、縛《ばく》についた。

「わしの家はもと山東《さんとう》にあって、わずかながら良田《りょうでん》があった。それで寒さと飢えはふせげたのに、何を苦しんで禄《ろく》を求めて、こんなところまで来てしまったのだろう。もう一度ぼろをまとって邯鄲の道を歩いてみたいが、もうどうにもならない」

と、盧生は泣いて妻子に告げた。盧生は刀をとって自殺しようとしたが、妻にとどめられた。

ところが、ともに罪になった者はみな殺されたのに、盧生だけは宦官《かんがん》のはからいで、死罪はまぬがれ、地方へ流されただけで済んだ。数年後に、冤罪《えんざい》とわかって再び召し出され、中書令《ちゅうしょれい》として趙国公《ちょうこくこう》に封《ほう》ぜられ、恩寵《おんちょう》はきわめて渥《あつ》かった。五人の子供もそれぞれ高官にのぼり、名家と縁組みして、孫は十余人、家はいよいよ栄えた。

後年、ようやく老いて、しばしば辞職を願ったが許されず、病むと天子から名医を送られ、良薬を賜わる。しかし寿命には勝てず、盧生はついに大往生《だいおうじょう》をとげた。

盧生は欠伸《あくび》をして目がさめると、やはり邯鄲の宿に寝ていたのだった。呂翁もそばにちゃんといる。宿の主人が蒸していた黄粱はまだ煮えていなかった。なにもかも先刻のまま。

盧生は起き上がって、

「なんと夢だったのか」

するとと呂翁は笑って、

「人生のこともみんなそんなものさ」

「栄辱《えいじょく》も、貧富も、生死も、みんなわかりました。先生はぼくの欲をふさいでくだすったんですね。ご垂教《すいきょう》、よくわかりました」

こういって盧生は再拝して去っていった。

この話からいろいろな成語が派生《はせい》した。『邯鄲の夢』がいちばんポピュラーのように思うが、『邯鄲夢の枕』『呂翁《りょおう》の枕』『盧生《ろせい》の夢』『黄粱《こうりょう》の夢』『黄粱一炊《こうりょういっすい》の夢』など。またこの話が脚色されて、明《みん》の湯顕祖《とうけんそ》の『邯鄲記』、元《げん》の馬致遠《ばちえん》の『邯鄲道に省悟《せいご》す黄粱の夢』など。

南柯《なんか》の夢《ゆめ》

『南柯《なんか》の夢』もまた「途方《とほう》もない夢」の話であるが、これは夢をあとで実地検証しているところが面白い。

山東省東平《さんとうしょうとうへい》の淳于棼《じゅんうふん》という俠客《きょうかく》。広陵《こうりょう》の近くに大きな屋敷があって、その南側に年を経た槐《えんじゅ》の大木があったが、ある年の秋のこと、彼が酒に酔って眠ると、紫の衣を着た二人の使者が現われ、

「槐安国《かいあんこく》からお迎えにあがりました」

という。

青塗りの車に乗せられて、槐の古木の洞《ほら》を入ると、あたりはぱっとひらけて、人間界とはちがった景色、そのうち大きな城へたどりつく。楼門には「大槐安国」と金書してあった。

淳于棼はこの国で大へんな歓迎をうけ、お姫さまの瑤芳《ようほう》を娶《めと》り、昔なじみで、すでにこの国で高職についていた田子華《でんしか》、周弁《しゅうべん》と出会い、やがて太守《たいしゅ》となって、乱れていた南柯郡の政治を担当して二十年、すばらしい治績《ちせき》をのこす。王も大へん喜んで彼を尊重し、領地と爵位をたまわり、宰相に昇進した。息子が五人、娘が二人できて、一門の栄華、全盛をきわめる。

その年、檀蘿国《だんらこく》が南柯郡に攻めこんだ。淳于棼は王の命令で、周弁に三万の兵を与えて防がせたが、これが敵をあなどりすぎて敗戦した。敵もそのまま引き上げたので、王もそ

の責任を追及はしなかったが、周弁はそのあと、背中にできものができて死んだ。また棼の妻の瑤芳も病死したので、南柯郡を田子華に任せて、棼は都へもどった。

都でも棼の勢力は大したもので、貴顕豪族《きけんごうぞく》がひきもきらずに、彼の家へ出入りした。王も彼の権勢が日ましに強大になるのを、内心不安に思っていた矢先、国に異変あり、と上奏する者があった。それは棼の上《かみ》をおそれぬ振舞からであろうということになり、私宅に閉門を命じられた。べつにわるいことなどしていないではないか、棼は非常に不満であった。

そこで王が、

「二十余年の間、よくやっていただいたが、娘も若死にをして、あなたと添いとげられなかった。あなたは家を出てずいぶんと時が経ったので、しばらく家へ帰られたらいいかがか。三年経ったら人を迎えにやるから、孫たちをここへおいていかれたらいい」

「家へ帰るといっても、ここが家ではありませんか」

「いや、あなたはもと俗世の人間じゃ。家はここではない」

とたんに棼の意識はあやしくなり、以前の二人の使者に送られて穴を出たが、自分の家に入ったところで、はっきり我に返った。

飲みのこしの酒はまだそこにあった。またたく間《ま》に三十年が過ぎた感じであった。

棼は下男にいいつけ、斧《おの》で木を伐《き》り、洞の奥を掘りすすむと、ぽっかり明るくなって、寝台一つ置けるぐらいの広さがあった。その上に土を積み上げて、城郭や宮殿の形が作ってあり、何万という蟻《あり》がその中にいた。中央には小さな宮殿に二匹の大蟻、これが蟻の王様で、ここが槐安国の都だったのだ。

南の穴を伝っていくと、南の枝へのびて、そこにやはり土で作った城と楼閣があった。ここにも蟻が群《むら》がっている。柯は「大きな枝」の意味だから、ここが「南柯郡」だったのだ。

夢の中の一つ一つの出来事が、ここにミニアチュアとなって出てくるのである。これ以上破壊はすまいと、穴をもと通りにふさいだが、その夜あらしとなり、翌朝見ると、もう蟻のすがたはなかった。

その後屋敷から東へいったところで檀《まゆみ》の木に蔦《つた》のからんだのを見つけた。それが南柯郡へ攻めこんだ檀蘿国《だんらこく》なのだろう。

ふと思い出して仲間の周弁と田子華のところへ下男を走らすと、周弁は急病で死んでおり、田子華も病臥《びょうが》しているとのこと。

淳于棼は『南柯の夢』のはかなさに感じて、人の世のうつろいを悟り、それからというもの、酒と女を断って、道術《どうじゅつ》に心を寄せたという。(唐の李公佐《りこうさ》『南柯太守伝《なんかたいしゅでん》』)

この唐代伝奇《でんき》小説は、妙なリアリティをもっているが、これから『南柯の夢』『南柯一《なんかいち》夢《む》』『槐安《かいあん》の夢』などの言葉が出たし、のちに明《みん》の湯顕祖《とうけんそ》の『南柯記《なんかき》』、わが国の滝沢馬琴《たきざわばきん》の『三七全伝南柯夢』へとつづくのである。

華胥《かしょ》の夢《ゆめ》

「華胥《かしょ》」とは「よく治まった理想の国」を指す。よって『華胥の夢』とは、同じ夢でも、「吉夢《きちむ》」すなわち「好い夢」であるし、また簡単に「昼寝」という意味にも使われる。

この話はそのまま『列子《れっし》』の「黄帝篇《こうていへん》」の冒頭に出てくる。

黄帝が即位して十五年、天下の人々がよろこんで自分を戴いていることに満足して、すこし身体を養おうとして、耳目口鼻《じもくこうび》の楽しみにふけってみたが、かえって肌の色がわるくなり、感覚の乱れを感じた。

つぎの十五年は、天下の治まらぬことを心配して、一生懸命に政治に努力したが、その結果は疲れきって、感覚が失われる始末。

黄帝はなげいて、

「わしのやり方はまちがっていた。保養につとめても、政治にはげんでも、患《うれ》いを深くするだけじゃ」

　そこで一切の政治をとることをやめ、立派な宮殿を避け、近侍《きんじ》を退け、楽器類も遠ざけ、ご馳走《ちそう》も減らし、別館に閑居して、ひたすら身心を修めることにした。

　するとある日、昼寝の夢で、華胥《かしょ》の国に遊んだ。華胥《かしょ》の国は弇《えん》州の西、台《たい》州の北にあって、中華の地から何千万里か離れたところ、歩いていくことはおろか、舟や車でも行ける場所ではない。

　その国には、君主など人の上に立つ者はなく、人は本来の姿のままに生きる。彼らには欲がない。生を楽しまないかわりに、死をもにくまない。自分をとくに大事にすることもなければ、他をうとんずるということもないから、愛憎というものを知らない。くっついたり、そむいたりしないから、利害の観念もない。また、水に入っても溺《おぼ》れず、火に入っても熱くなく、切っても痛みがなく、地を歩くと同じに空《くう》を飛び、虚空《こくう》に静止して眠ることもできる。雲や霧が立ちこめても見透しがきき、美醜に心を乱されず、山谷《さんこく》も歩行が自由自在。

　黄帝ははっと目ざめた。

「朕《ちん》は閑居三月《みつき》、心を清め、身をととのえて、治める方法を考えたが発見できなかった。その揚句《あげく》が疲れて寝入って夢みた。それで、最高の道というものは、情《じょう》で求めうるものでないことがわかった」

そういって、更に二十八年、天下は非常によく治まって、まるで華胥の国のようであったという。

この話も後半へきて大へん飛躍して、現実ばなれがしているが、まあ情欲をはなれて、宇宙の法則と一体になれという道家的寓話なのであろう。しかしこの『華胥の国』とやらは、まこと昼寝の夢にでも出てきそうなユートピアではある。

胡蝶《こちょう》の夢《ゆめ》

『胡蝶《こちょう》の夢《ゆめ》』とはやはり「人生のはかなさ」なのだが、「物と我との別を忘れる」たとえに使われる。いわば大そう哲学的な変幻の世界といえるかも知れない。

昔《むかし》、荘周《そうしゅう》、夢に蝴蝶《こちょう》となる。栩《く》々《く》然《ぜん》として蝴蝶なり。自《みずか》ら喩《たのし》み、志に適するかな。周《しゅう》たるを知らざるなり。俄《にわか》にして覚《さ》むれば、則《すなわ》ち蘧《きょ》々《きょ》然《ぜん》として周《しゅう》なり。周の夢に蝴蝶となりしか、蝴蝶の夢に周と為《な》りしかを知らず。周と蝴蝶とは、則ち必ず分《ぶん》あり。此《これ》を之《こ》れ物化《ぶっか》と謂《い》う。（『荘子《そうじ》』斉物論《せいぶつろん》）

（荘周とは荘子の名である。以前、荘周は蝶になった夢をみた。それはひらひらと飛ぶ蝶で、いかにも楽しく、心に満足した様子で、自分では荘周であることに気がつかないのである。ふと眼がさめると、驚いたことに、自分は荘周ではないか。これは一体荘周が夢で蝶になったのか、蝶が夢で荘周になったのか。しかし荘周と蝶とは、区別があるはずだ。このような変化を、物化《ぶっか》と称する）

夢が現実なのか、現実が夢なのか、その間にどんな区別があるのか、『荘子』一流の寓話が、読者を幽玄《ゆうげん》の世界に引き入れて、考えさせる。楽しげに蝶は舞う、平和で美しい。しかしそれはあくまで現実の人間の夢にすぎない。小ざかしい人間の知恵が、そうながめるだけであろう。実際の現実の世界には、勝敗があり、利害があり、生死の問題もある。蝶と人間とが一つになって、相対《そうたい》のない世界、自然との合一が、荘子のユートピアなのであろう。

これは『荘子』のうちでも有名な一章だが、故事にひかれる夢のうちで『胡蝶の夢』は、厳しいが美しい話である。

揚州《ようしゅう》の鶴《つる》

『揚州《ようしゅう》の鶴《つる》』はまた『鶴に騎《の》って揚州より上《のぼ》る』ともいうが、「多くの欲望を合わせて満たそう」とすることである。字体からみると美しいが、いわば「欲《よく》のかたまり」なのである。

普通この出処には宋《そう》の蘇軾《そしょく》の『緑筠軒《りょくいんけん》』の詩を引く。

食するに肉なからしむべきも
居《お》るに竹なかるべからず
肉なければ人を痩《や》せしめ
竹なければ人を俗《ぞく》ならしむ
人の痩せたるは尚肥《なおこ》ゆべきも
俗士《ぞくし》は医《い》すべからず
傍人この言を笑い
高きに似て還《かえ》って癡《ち》に似たりと
もし此の君に対して仍大嚼《なおたいしゃく》せば

世間《せけん》に那《なん》ぞ揚州の鶴あらんや

（食事に肉がなくとも、住居に竹がなくてはいけない。肉がないと人を痩せさせ、竹がないと人間を俗っぽくさせる。人が痩せても、また肥《ふと》れるが、いやしい人間は癒《いや》すことができない。しかし人がその言を笑って、それは高くすぐれているようで、かえっておろかな考えだ、竹も植え、それを見ながら肉を食えばいい、という。

「此の君」とは「竹」のこと。すなわち「此の君」に向かって、そのうえ舌つづみをうって肉を食うことができるなら、世の中に、あの『揚州の鶴』の話のように、多くの欲望を合わせ遂《と》げることはできぬという歎《なげ》きなどあろうか）

ここで『揚州の鶴』にもう一つ注が要《い》る。

昔、客あり、相従《あいしたが》いて各々《おのおの》志す所を言う。あるいは揚州《ようしゅう》の刺史《しし》（長官）たらんと願い、あるいは貲財《しざい》多からんことを願い、あるいは鶴に騎《の》りて上昇《じょうしょう》せんと願う。其の一人曰《いわ》く、腰に十万貫を纏《まと》い、鶴に騎り、揚州より上《のぼ》らんと。三者を兼《か》ねんと欲するなり。（『殷芸《いんうん》小説』『事文類聚《じぶんるいしゅう》』後集《こうしゅう》）

腰に黄金をつけ、揚州の長官になって、そこから鶴に乗って仙境に飛び去ろう、つまり金欲も、名誉欲も十分に尽くして、不老の国へ旅立つという、大へんな欲張り方である。この世は欲の世界という、見事な諷刺《ふうし》であろう。

これに関連してついでにもう一つ、女の欲をご紹介しておこう。

斉《せい》の国のある女《むすめ》が、両家から結婚を申しこまれた。そこで両親が、

「東《とう》家はお金持ち、西《せい》家のお婿《むこ》さんは美男子だが、さて、どちらに決《き》めようかね」

ときいたところ、女《むすめ》が、

「東家で食事をして、西家で寝ます」

といったという。（『事文類聚《じぶんるいしゅう》』）

これから『東食西宿《とうしょくせいしゅく》』という成語ができた。いかにも現世的ではないか。

桃源境《とうげんきょう》

『桃源境《とうげんきょう》』といい、『武陵桃源《ぶりょうとうげん》』といい、また『桃花源《とうかげん》』といい、ユートピアの代名詞と

して使われて久しい。これはもういわずもがな、かも知れぬぐらい人口に膾炙《かいしゃ》した、陶淵《とうえん》明《めい》の『桃花源記』に由来する。

晋《しん》の太元《たいげん》年間のこと、今の湖南《こなん》省の桃源《とうげん》県の桃源山《とうげんざん》あたりがその故地《こち》と称されているが、その武陵《ぶりょう》の一人の漁師《りょうし》が、魚をもとめて渓流に沿ってのぼるうち、いつか桃の林が両岸に見事に咲き乱れた場所へ出た。こんなところにふしぎだな、と思いつつ、なおも進むと水源が尽きて、山があり、山に洞穴が見えたので、それをくぐって出ると、豁然《かつぜん》と道がひらけた。見ると土地は平らで広く、家並《やな》みは整然《せいぜん》として、田園がよく開け、桑の木と竹の林が茂るなかを、道が縦横《じゅうおう》に通って、鶏犬《けいけん》の声も聞こえてくる。

農耕にいそしむ人々の服装もいくらかちがうようだが、老人も子供も、のびのびとして楽しんでいる様子。でもそれらが漁師を見てびっくりして、寄ってきてたずねるので、漁師も一部始終を語ると、家に請《しょう》じ入れて、酒を出し、鶏を殺しての大へんなもてなし。そのうち村中の人が集まってきて、話がはずむ。

ここの人々は、秦《しん》の時代に乱を避けて、妻子眷属《けんぞく》をひきつれてこの絶境に来て住みつき、それきりここを出たことはないという。

「いまはどういう時代なんですか」

と訊ねるのだが、漢《かん》の時代があったことも知らないのだから、魏《ぎ》や晋《しん》のことなど知る由《よし》もない。だから漁師の話を、みんなが感歎《かんたん》して聞いた。

それぞれほかの家へも招かれてご馳走になり、数日経って、いとまを告げて帰ることになると、

「ほかの人にはおっしゃらないほうがいいですよ」

と口止めされた。

漁師はそこを出て、もとの舟を見つけ、以前の道をもどりながら、途中あちこちに目印をつけておいた。城下へ帰って漁師はさっそく太守《たいしゅ》のところへまかり出て、事の次第を申し上げた。太守はすぐに部下にいいつけ、目印をたよりにたずねさせたが、結局迷って、道がわからなかった。

その後南陽《なんよう》の劉子驥《りゅうしき》という高潔《こうけつ》の士が、この話をきいて、よろこんで、自分もいってみようと試みたが、目的を果たさぬうちに病死した。

かくてその後は、その渡し場を問う人もなくなってしまったそうである。

桃とは古来悪気をはらうものとされ、「碧桃《へきとう》」といえば、仙人の食べる果実である。日本では、桃はなにか妖艶《ようえん》な感じを連想させるけれど、中国での「桃花」は明るく、この世をはなれた境地を思わせるのも、「仙境」の意味を芸術化した陶淵明の『桃花源記』に負うところが多いのかも知れない。

このフィクションは、きわめてありそうなことにみえる。ユートピアなど、案外手近《てぢか》にあるのかも知れない。しかし人が達したからといって、同じ道を辿《たど》ったら、他人も達せられるというものではないのだろう。

たしかに陶淵明という人物でなければ書けなかった短篇ともいうことができよう。その後これに関する詩や小説戯曲などの多いのもうべなわれよう。

ここでは唐《とう》の劉長卿《りゆうちようけい》の短い詩『鄭山人《ていさんじん》の居《お》る所を過ぐ』を一つ紹介するにとどめよう。

寂寂《せきせき》として孤鶯《こおう》　杏園《きようえん》に啼《な》き
寥　寥《りようりよう》たる一犬《いつけん》　桃源に吠《ほ》ゆ
落華芳草《らつかほうそう》　尋《たず》ぬる処《ところ》なし
万壑千峯《ばんがくせんぽう》　独《ひと》り門を閉《とざ》す

(「杏園《きようえん》」とはむかし、呉《ご》の名医といわれた董奉《とうほう》が、山中に住んで治療《ちりよう》し、薬代《くすりだい》は杏《あんず》の木五本、この杏の実《み》を米に換えて暮らしていたという、その棲家《すみか》の名称である。はぐれ鶯か、寂しく杏園に啼き、一匹の犬が吠える声のする桃源か、落花はしきり、草むして、尋ぬる道もない、万山千峯のそそり立つところ、ひとり門を閉ざして住む、寂寥の地)

これまた自然と人生とを考える者のゆきつく境地でもあろうか。

引用書目表

書名	制作年代	撰(編)者	備考
書《しょ》経《きょう》	周		中国最古の経典、尚書《しょうしょ》ともいう。堯、舜から秦の穆《ぼく》公に至る政教を記す。
易《えき》経《きょう》	〃		周易、易ともいう。古代の伏羲《ふくぎ》、周の文王、それに孔子を経て、周代に成ったという。
論語	〃		孔子とその弟子たちの言行録。諸説あるが孔子一門の編纂であろう。
孟子	〃	孟《もう》軻《か》	孔子の道を伝えた孟子の、諸侯および弟子との問答を集録した十四巻。
左《さ》伝《でん》	〃	左丘明《さきゅうめい》	魯の隠公から哀公に至る間の歴史書「春秋」に、魯の左丘明が注解を施したもの。
荀《じゅん》子《し》	〃	荀況《じゅんきょう》	孟子の性善説に対し、性悪説を立てた二十巻。
老子	〃	老《ろう》耼《たん》	大道無為を説いた道家の典籍二巻。

荘《そう》子《じ》	〃	荘周	老荘と並称され、道家思想を伝える代表的な書。一名、南華真経。
列《れっ》子《し》	〃	列禦寇《れつぎょこう》	道家の書、八巻。
韓《かん》非《ぴ》子《し》	〃	韓非	法家の学を代表する書、二十巻。
墨《ぼく》子《し》	〃	墨《ぼく》翟《てき》	兼愛説と非戦論を説く書。
詩経	〃		中国最古の詩集。三百余篇。西周初期から春秋に至る、黄河流域、北方文化を代表するもの。
国語	〃	左丘明《さきゅうめい》	一名、春秋外伝。国別に諸侯の国の史実を記す。
晏子《あんし》春秋《しゅんじゅう》	〃	晏《あん》嬰《えい》	春秋末の斉《せい》の大夫、晏嬰の遺事を叙しているが、今伝わるものは偽作といわれる。
孝経	〃		主として孝道を論じた経書一巻。曾子の門人の編か。
孫子	〃	孫武	兵書のうち最古のもの一巻。

尉《うつ》繚《りょう》子《し》	周	尉繚	孫子と並称される兵法書五巻。
呂氏春秋	秦	呂《りょ》不《ふ》韋《い》	一名、呂覧。先秦時代の思想を集めた書。実は門客の作ったもの。
礼《らい》記《き》	漢		戴聖《たいせい》が伝えたという儒家の古い礼に関する記録。
楚《そ》辞《じ》	〃	劉向《りゅうきょう》	戦国から前漢に至る楚の地方の詩集。屈原の作品を中心に、南方長江流域の文化を伝えるもの。
史記	〃	司馬遷	太古より漢の武帝に至る中国最初の通史。
戦国策	〃	劉向	いわゆる戦国時代の史実を記す。
淮《え》南《なん》子《じ》	〃	劉安	道家の思想にもとづいて書かれた寓話集。
列女伝	〃	劉向	堯、舜以来の貞烈女性の伝記。七巻。
説《ぜい》苑《えん》	〃	劉向	歴史上の遺聞や行事などを述べたもの。
漢書	〃	班固	前漢の歴史を記す。

新書	〃	賈誼	十巻。賈子、賈誼新書ともいう。
呉越春秋	〃	趙《ちょう》曄《よう》	春秋時代の呉、越両国の戦史。
孔《こう》子《し》家《け》語《ご》	魏	王粛	孔子の言語、行事、門人との応酬を録す。いま伝わる十巻は、偽作といわれる。
三国志	晉	陳寿	魏、蜀、呉三国の歴史。
帝王世紀	〃	皇《こう》甫《ほ》謐《ひつ》	一巻。
神仙伝	〃	葛《かつ》洪《こう》	十巻。八十四人の神仙について記す。
捜《そう》神《じん》記《き》	〃	干宝	神怪短篇小説集。
西《せい》京《けい》雑《ざっ》記《き》	〃	葛洪	西漢の雑事を録す。六巻。
拾《しゅう》遺《い》記《き》	五胡十六国	王嘉	前秦の方士の述べた史書というが、荒唐無稽の言が多い。
後漢書	南朝宋	范《はん》曄《よう》	百二十巻。

史記集解	南朝宋	裴駰	百三十巻。
世《せ》説《せつ》新《しん》語《ご》	〃	劉義慶	後漢から東晋に至る、言行、逸話集。
水《すい》経《けい》注《ちゅう》	北魏	酈道元《れきどうげん》	「水経」は亡佚、この注のみ残存。
続《ぞく》斉《せい》諧《かい》記《き》	梁	呉均	神怪の説を記すもの一巻。
文《もん》選《ぜん》	〃	蕭《しょう》統《とう》	周、秦、漢以降、梁までの詩文集。
殷《いん》芸《うん》小説	〃	殷《いん》芸《うん》	殷芸の筆記。
荊楚《けいそ》歳時《さいじ》記《き》	〃	宗《そう》懍《りん》	湖北、湖南一帯の歳時の風物故事を叙す。
三《さん》輔《ぽ》黄《こう》図《ず》	梁—唐		長安の古蹟を記す。
松窗雑記	唐	李《り》濬《えい》	唐代の雑事を記す。
本《ほん》事《じ》詩《し》	〃	孟《もう》棨《けい》	歴代詩人の縁情の作をとって、その事蹟のもとづくところを説く。

雲《うん》渓《けい》友《ゆう》議《ぎ》	〃	范《はん》攄《ちょ》	詩話集。
晉《しん》書《じょ》	〃		房喬ら勅撰の歴史書。
玄怪録	〃	牛僧儒	一名、幽怪録、佚書。『太平広記』に残存。
続玄怪録	〃	李復言	一名、続幽怪録。奇怪の話を集録。
霊怪録	〃	牛嶠《ぎゅうきょう》	怪奇短篇集。
北史	〃	李延寿	北朝の魏から隋に至る歴史書、一百巻。
唐書	五代 宋		劉昫《りゅうく》ら勅撰（旧唐書）。 欧陽脩、宋祁ら勅撰（新唐書）。
新五代史	宋	欧陽脩	正しい名は新五代史記、七十四巻。
楊太真外伝《ようたいしんがいでん》	〃	楽《らく》史《し》	小説、二巻。楊貴妃と玄宗の情事を詳記。
古文真宝	〃	黄堅	漢より宋に至る詩文選集。二十巻。

老学菴筆記	宋	陸　游	旧聞、神怪などを記した随筆十巻。
埤《ひ》　雅《が》	〃	陸《りく》　佃《でん》	釈魚、釈獣、釈鳥、釈虫、釈馬、釈木、釈草、釈天の八篇に分る。二十巻。
唐詩紀事	〃	計有功	唐代詩人、一千百五十家を録す。八十一巻。
事文類聚	〃	祝《しゅく》　穆《ぼく》	古今の事実と詩文を類によって集録。
太平広記	〃		李昉ら勅撰。漢より五代に至る小説家言を採取収録す。五百巻。
青《せい》瑣《さ》高《こう》議《ぎ》	〃	劉　斧	六朝以来の説話集
野《や》客《かく》叢《そう》書《しょ》	〃	王《おう》　楙《も》	経書の異同を考証、訂正するもの。十二巻。
湘《しょう》山《ざん》野《や》録《ろく》	〃	釈文瑩《しゃくぶんえい》	北宋の雑事を記すもの。
十八史略	元	曾先之	十七史に宋史を加えた史書。
琵《び》　琶《わ》　記《き》	〃	高則誠	南曲、初期の傑作とされた、妻の誠実を頌するもの。

唐詩選	明	李攀龍《りはんりよう》	唐詩人百二十八人の詩選集、七巻。実は別人による偽托とされる。
剪《せん》燈《とう》新《しん》話《わ》	〃	瞿《く》佑《ゆう》	文言で書いた怪奇短篇小説集。
燕《えん》子《し》箋《せん》	〃	阮大鋮《げんだいせい》	唐時代を背景にした明《みん》の伝奇《でんき》。
三《さん》才《さい》図《ず》会《え》	〃	王《おう》圻《き》	天文、地理、人物などを図絵で説明した百六巻。
三国志演義	〃	羅貫中	正しくは「三国志通俗演義」。三国の興亡を扱った読物。
通俗篇	清	翟《てき》灝《こう》	日用の語を分類、その出処を明らかにした三十八巻。
陔《がい》餘《よ》叢《そう》考《こう》	〃	趙翼	諸事に関する論説、歴史に関する考証などを録する四十三巻。
紅楼夢	〃	曹雪芹《そうせっきん》 高《こう》鶚《がく》	中国古典の傑作と称される長篇小説。

略年表

西暦（前）	時代	区分	事項
2000	夏		
1500	殷		
1050	周	西周	周の武王死（1022）
770		東周・春秋	魯の隠公元年（722）
			斉の桓公立ち管仲相となる（685）
			斉の桓公覇者となる（679）
			楚、宋の襄公を破る（638）
			晉の文公覇者となる（632）
			「書経」成る（600?）
			楚の荘王覇者となる（597）
			呉王夫差、越王句践を破る（494）
			孔子死（479）
		戦国	越王句践、呉を滅して覇者となる（473）
			「論語」成る（450?）
403			墨翟死（390?）
			晉亡ぶ（376）
			「左伝」成る（350?）
			蘇秦の合従成る（333）
			趙の藺相如、秦に使す（283）
			始皇帝秦王に即位（247）
			荀子死（236?）
			韓非子死（233）
			秦、燕を伐つ（227）
221	秦		始皇帝死、二世皇帝立つ（210）
206	漢	西漢（前漢）	項羽、西楚覇王を称す（206）、垓下の戦（202）
			都を長安にさだむ（200）、武帝即位（141）
			司馬相如死（117）
			蘇武、匈奴へ使す（100）
			「史記」成る（90?）
			李延年死（87）、李陵死（74）、蘇武死（60）
			王昭君、匈奴へ嫁す（33）
（後）			王莽、政をとる（1）
9	新		王莽、皇帝を称し、新国を建つ（9）

光武帝即位、洛陽に都す（25）
「漢書」成る（82?）
曹操、献帝を許に擁す（196）
孫策死し、孫権代る（200）
劉備、漢中王を称す（219）
曹操死し、曹丕嗣ぎ帝を称す、漢亡ぶ（220）
劉備、帝位につく（221）
孫権、帝を称す（229）、曹植死（232）
諸葛孔明死（234）
魏、蜀を亡ぼす（263）
晉、呉を滅して天下を統一す（280）、「三国志」成る（285）
五胡十六国時代（304 ～ 439）
陶淵明死（427）
南北朝時代（420 ～ 589）
酈道元死（527）、昭明太子死（531）、梁武帝死（549）
科挙のはじまり（606）
則天武后死（705）
玄宗即位（712）、楊氏を貴妃に立つ（745）
安史の乱（755 ～ 763）、楊貴妃死（756）
李白死（762）
杜甫死（770）
柳宗元死（819）、韓愈死（824）、劉禹錫死（842）、
白楽天死（846）、杜牧死（852）、李商隠死（858）
唐分裂、五代十国時代に入る（907）

文庫版あとがきにかえて

小中学校はいざ知らず、高校や大学の入学式、卒業式、あるいは社会に出てからの入社式、親戚友人の結婚式などで、学校の先生や会社の上司といった人生の先達たちが、中国の故事成語を引用してスピーチするのを聞いた記憶は誰にでもあるだろう。古めかしくて教訓めいたお話はまっぴらと敬遠して、まともに聞かなかった人が多いのかもしれない。

ところが、立場変わって自分が何か気の利いたことを言おうと思ったとき、そういう知識が欠けているのは、悔しいし情けない。中国の故事成語は日本語を豊かにするものであり、オトナの日本人の教養の幅を広げるものなのだ。

それは国際交流の場でも役立つ。中国人は会話の中でしばしば故事成語を使うが、こちらがその意味を理解して受け答えができれば、そこに相互の信頼や敬意が生まれる。日中間の摩擦が問題化している今こそ、漢語の語彙《ごい》を増やし、言葉の背後にある文化に精通しておくべきだろう。

また従来、洋の東西を問わず、政財界のトップの中には中国古典マニアが多かったと聞く。彼らは自らの主張を補強するためのたとえ話として、あるいは仕事仲間や交渉相手とのコミュニケーションの手段として、しばしば故事成語を引用した。とりわけ日本では、漢文教育の薫陶を受けた世代が、当たり前のように中国古典の名言至言を使いこなし、人生の指針としていたようだ。しかし近年は残念ながら、そういう伝統が薄れつつあるのではないか。

本書に収められている故事成語は、春秋戦国時代の「四書五経《ししょごきょう》」（儒教の基本的文献）から明清《みんしん》の「白話小説」（『三国志演義《さんごくしえんぎ》』『紅楼夢《こうろうむ》』などの長篇小説）まで、古くは紀元前五、六百年、近くても十八世紀の書物に出典がある。また実を言うと、本書の原型である角川選書版が出版されたのは、昭和四十九年（一九七四年）のことだった。ずいぶん古い本だと、あなどることなかれ。中国の故事成語は現代に生きている。常識として教養として、あるいは座右の銘として、どうか敬遠せずに親しんでいただきたい。

なお、文庫化に当たって一部の項目を割愛したほか、各篇名をわかりやすいものに改めるなどの再編集を施した。また、本文中の字句にも若干の修正を加えている。

二〇一四年一〇月

飯塚　容（中央大学文学部教授）

この本は、昭和四十九年十一月、弊社より刊行した
『中国故事』を再編集し、文庫化したものです。

中国故事《ちゅうごくこじ》

飯塚《いいづか》 朗《あきら》

平成26年 12月25日　初版発行
令和7年 11月20日　10版発行

発行者●山下直久

発行●株式会社KADOKAWA
〒102-8177　東京都千代田区富士見2-13-3
電話　0570-002-301（ナビダイヤル）

角川文庫 18933

印刷所●株式会社KADOKAWA
製本所●株式会社KADOKAWA

表紙画●和田三造

ISBN978-4-04-407106-6　C0198

角川文庫発刊に際して

角　川　源　義

第二次世界大戦の敗北は、軍事力の敗北であった以上に、私たちの若い文化力の敗退であった。私たちの文化が戦争に対して如何に無力であり、単なるあだ花に過ぎなかったかを、私たちは身を以て体験し痛感した。西洋近代文化の摂取にとって、明治以後八十年の歳月は決して短かすぎたとは言えない。にもかかわらず、近代文化の伝統を確立し、自由な批判と柔軟な良識に富む文化層として自らを形成することに私たちは失敗して来た。そしてこれは、各層への文化の普及滲透を任務とする出版人の責任でもあった。

一九四五年以来、私たちは再び振出しに戻り、第一歩から踏み出すことを余儀なくされた。これは大きな不幸ではあるが、反面、これまでの混沌・未熟・歪曲の中にあった我が国の文化に秩序と確たる基礎を齎らすためには絶好の機会でもある。角川書店は、このような祖国の文化的危機にあたり、微力をも顧みず再建の礎石たるべき抱負と決意とをもって出発したが、ここに創立以来の念願を果すべく角川文庫を発刊する。これまで刊行されたあらゆる全集叢書文庫類の長所と短所とを検討し、古今東西の不朽の典籍を、良心的編集のもとに、廉価に、そして書架にふさわしい美本として、多くのひとびとに提供しようとする。しかし私たちは徒らに百科全書的な知識のジレッタントを作ることを目的とせず、あくまで祖国の文化に秩序と再建への道を示し、この文庫を角川書店の栄ある事業として、今後永久に継続発展せしめ、学芸と教養との殿堂として大成せんことを期したい。多くの読書子の愛情ある忠言と支持とによって、この希望と抱負とを完遂せしめられんことを願う。

一九四九年五月三日

角川ソフィア文庫ベストセラー

論語
ビギナーズ・クラシックス 中国の古典
加地伸行

孔子が残した言葉には、いつの時代にも共通する「人としての生きかた」の基本理念が凝縮され、現代人にも多くの知恵と勇気を与えてくれる。はじめて中国古典にふれる人に最適。中学生から読める論語入門！

老子・荘子
ビギナーズ・クラシックス 中国の古典
野村茂夫

老荘思想は、儒教と並ぶもう一つの中国思想。「上善は水のごとし」「大器晩成」「胡蝶の夢」など、人生を豊かにする親しみやすい言葉と、ユーモアに満ちた寓話を楽しみながら、無為自然に生きる知恵を学ぶ。

韓非子
ビギナーズ・クラシックス 中国の古典
西川靖二

「矛盾」「株を守る」などのエピソードを用いて法家の思想を説いた韓非。冷静ですぐれた政治思想と鋭い人間分析、君主の君主による君主のための支配を理想とする君主論は、現代のリーダーたちにも魅力たっぷり。

杜甫
ビギナーズ・クラシックス 中国の古典
黒川洋一

若くから各地を放浪し、現実社会を見つめ続けた杜甫。日本人に愛され、文学にも大きな影響を与え続けた「詩聖」の詩から、「兵庫行」「石壕吏」などの長編を主にたどり、情熱と繊細さに溢れた真の魅力に迫る。

孫子・三十六計
ビギナーズ・クラシックス 中国の古典
湯浅邦弘

中国最高の兵法書『孫子』と、その要点となる三六通りの戦術をまとめた『三十六計』。語り継がれてきた名言は、ビジネスや対人関係の手引として、実際の社会や人生に役立つこと必至。古典の英知を知る書。

角川ソフィア文庫ベストセラー

易経
ビギナーズ・クラシックス 中国の古典
三浦國雄

陽と陰の二つの記号で六四通りの配列を作る易は、「主体的に読み解き未来を予測する思索的な道具」として活用されてきた。中国三〇〇〇年の知恵『易経』をコンパクトにまとめ、訳と語釈、占例をつけた決定版。

史記
ビギナーズ・クラシックス 中国の古典
福島 正

司馬遷が書いた全一三〇巻におよぶ中国最初の正史が一冊でわかる入門書。「鴻門の会」「四面楚歌」で有名な項羽と劉邦の戦いや、悲劇的な英雄の生涯など、強烈な個性をもった人物たちの名場面を精選して収録。

蒙求
ビギナーズ・クラシックス 中国の古典
今鷹 眞

「蛍火以照書」から「蛍の光、窓の雪」の歌が生まれ、「漱石枕流」は夏目漱石のペンネームの由来になった。礼節や忠義など不変の教養逸話も多く、日本でも多く読まれた子供向け歴史故実書から三一編を厳選。

十八史略
ビギナーズ・クラシックス 中国の古典
竹内弘行

中国の太古から南宋末までを簡潔に記した歴史書から、注目の人間ドラマをピックアップ。伝説あり、暴君あり、国を揺るがす美女の登場あり。日本人が好んで読んできた中国史の大筋が、わかった気になる入門書！

春秋左氏伝
ビギナーズ・クラシックス 中国の古典
安本 博

古代魯国史『春秋』の注釈書ながら、巧みな文章で人々を魅了し続けてきた『左氏伝』。「力のみで人を治めることはできない」「一端発した言葉に責任を持つ」など、生き方の指南本としても読める！